Gabriele Wahl-Merle

Herzhafte
Muffins

Das Trendgebäck jetzt ganz neu:
Pikantes für **Party** und **Picknick** oder
als willkommener **Snack** zwischendurch

südwest

Inhalt

Sauerkraut-Muffins

67 Vollwert-Muffins

85 Minis

Vollkorn-Paprika-Salami-Muffins

Zum Anbeißen gut

Herzhaften Muffins steht eine viel-versprechende Zukunft bevor. Sie sind dabei, ihren süßen Geschwis-tern ernsthaft Konkurrenz zu ma-chen. Denn pikant gewürzte Muffins sind ideale kleine Mahlzeiten, sätti-gend und äußerst vielfältig. Mit we-nigen Handgriffen und mit Zutaten, die in jedem normal ausgestatteten Haushalt vorhanden sind, lassen sich die feinen Energiespender schnell zubereiten. Der Zeitaufwand variiert je nach verwendetem Teig. Während Muffins aus gekauftem Blätterteig aus der Kühltruhe fast im Handum-drehen entstehen, verlangen andere Teige wie Hefeteig oder Quark-Öl-Teig nach kurzen Ruhephasen.

Backpinsel erleichtern das gleichmäßige Einfet-ten der Backformen.

Vielseitig verwendbar

Hand aufs Herz: Süße Muffins sind zuweilen eine köstlich kleine Sünde. Herzhafte Muffins dagegen ma-chen kein schlech-tes Gewissen. Im Gegenteil, sie tragen auf an-genehmste Art zur Sättigung bei – essen müs-sen wir schließ-lich alle.

Als kleine Zwischenmahlzeit bei der Arbeit, als köstliches Pausenbrot für die Kinder, als schnelles Mittagessen in Begleitung zu einem knackig fri-schen Salat, als Bereicherung beim Brunch, als Häppchen beim Sekt-empfang oder als Kraftspender auf Wanderungen oder beim Picknick – für herzhafte Gebäckstücke findet sich immer eine Gelegenheit.

Warm oder kalt

Mit pikant gewürzten Muffins ha-ben Sie den Erfolg garantiert auf Ihrer Seite. Ihre Familie, Freunde und Gäste werden voll des Lobes sein, wenn die Muffins warm auf den Tisch kommen. Ein kleines war-mes Gebäckstück findet immer als Erstes Anklang, es wird als besonders wertvoll erachtet. Auf der anderen Seite eignen sich herzhafte Muffins ebenso gut zum Verzehr im abge-kühlten Zustand.

Immer wieder frisch

Muffins lassen sich problemlos auf-backen. Wenn Sie für abends Gäste erwarten, empfiehlt es sich, die Muffins morgens zu backen und sie abends bei 200 °C (Umluft 180 °C, Gas Stufe 3–4) für 5 bis 6 Minuten in den vorgeheizten Backofen zu stellen. So werden sie warm und knackig. Das Aufbacken in der Mikrowelle sollte man dagegen vermeiden, denn die Muffins werden dann nicht knusprig, sondern unangenehm weich.

Auf Nummer sicher geht, wer frisch gebackene Muffins nach dem Abkühlen gleich einfriert. Überrascht einen der kleine Hunger, kann man die Muffins in gut 15 Minuten aufbacken – selbst zu später Stunde.

Mengenangaben

Die Zutaten der in diesem Buch vorgestellten Rezepte ergeben immer zwölf Stück, sei es als große Muffins in der Standardform mit 12 Vertiefungen à 7,5 Zentimeter Durchmesser oder als Mini-Muffins in der Backform mit 12 Vertiefungen à 4,5 Zentimeter Durchmesser. Beschichtete Formen haben den Vorteil, dass sie vor Einfüllen des Teiges nicht gefettet werden müssen. Bei einigen Rezepten empfiehlt es sich dennoch, die Form einzufetten und kurz in den Kühlschrank zu stellen. Dadurch erhärtet sich das Fett und verbindet sich während des Backvorgangs langsamer mit dem Teig; die Muffins erhalten dabei eine Kruste.

Aus eins mach zwei

Das Schöne an Muffinrezepten ist die Einfachheit, mit der man die Zutatenmengen der gewünschten Anzahl Gebäckstücke anpassen kann. Soll ein 12er-Rezept in einer Mini-Form gebacken werden, braucht man nur das Rezept zu halbieren –

oder zweimal Mini-Muffins hintereinander backen. Genauso wird ein Mini-Rezept für die große Form einfach verdoppelt.

Backzeiten

Die in den Rezepten angegebenen Backzeiten sind Richtwerte, die dem genutzten Backofen angepasst werden müssen. Während in Backöfen mit Umluft etwa Hefemuffins in der heißen Luft bei 180 °C 20 bis 25 Minuten benötigen, kann sich die Backzeit bei entsprechenden 200 °C bei Ober- und Unterhitze beziehungsweise Gas Stufe 3–4 um ein paar Minuten verlängern. Es empfiehlt sich, kurz vor Ende der Garzeit eine Stäbchenprobe zu machen. Dafür ein Holzstäbchen in ein Gebäckstück stecken und wieder herausziehen. Die Muffins sind fertig, wenn kein Teig mehr am Stäbchen hängen bleibt.

Für Teige, die kein Öl enthalten, sollten die Backformen mit Butter oder Margarine eingefettet und vor dem Befüllen in den Kühlschrank gestellt werden. So wird das Fett fest und verbindet sich während des Backens langsamer mit dem Teig; dabei bekommen die Muffins ein knusprige Kruste.

Muffinformen sind in verschiedenen Ausführungen und Größen in gut sortierten Haushaltswarengeschäften und Kaufhäusern erhältlich.

5

Von Mehl, Eiern und anderen Zutaten

Es sind wenige Grundzutaten, die zur Herstellung von Teigen benötigt werden. Doch immer wieder unterschiedliche Mengenverhältnisse zueinander und vor allem andersartige Handhabungen ergeben das breite Spektrum an Teigen für Muffins.

Teigarten

Rührteig ist der klassische Teig für Muffins, allseits bekannt durch die vielen süßen Kreationen. Doch auch herzhafte Muffins lassen sich mit ihm schnell und unkompliziert herstellen. Die Grundregel der gerührten Muffinteige heißt: Je unregelmäßiger der Teig ist, umso lockerer werden die Muffins. Das setzt voraus, dass alle Zutaten griffbereit stehen, bevor man das Arbeiten anfängt. Flüssige Zutaten wie Ei, geschmolzene Butter oder Margarine beziehungsweise Öl, Milch, Buttermilch werden dafür zusammen verrührt. Die trockenen Zutaten wie Mehl und Backpulver werden darauf gesiebt und schnell untergerührt. Und zwar so, dass der Teig feucht bleibt und noch Klumpen aufweist. Diese Klumpen puffen beim Backen auf und bewirken eine luftig-lockere Konsistenz der Muffins. Ist der Teig zu glatt, werden die Muffins fest und zäh. Die Vertiefungen der Muffinform (z. B. von der Fa. Kaiser Backformen) werden nur zu 2/3 ihrer Höhe mit Rührteig gefüllt, damit dieser beim Backen nicht überläuft.

Hefeteig kommt mit verhältnismäßig wenig Fett aus. Die für seine Lockerheit verantwortlichen Hefekulturen sind allerdings etwas anspruchsvoll. Sie mögen es nur lauwarm, wenn es darum geht, in Milch oder Wasser aufgelöst zu werden. Denn bei Zugabe von heißer Flüssigkeit sterben sie ab, der Teig wird fest. Später mögen sie es auch mollig warm und zugfrei, um den Teig schnell aufgehen zu lassen. Je länger er geht, um so luftiger und lockerer wird er. Entgegen landläufiger

Für die Herstellung von Teigen sollte das Mehl generell gesiebt werden, damit die Gebäckstücke eine feinporige Struktur erhalten können.

Für Muffins können fast alle Kräuter und Gewürze verwendet werden.

Meinung kann Hefeteig auch sehr gut im Kühlschrank aufgehen – ideal, um den Teig am Abend vorher anzusetzen und ihn morgens gleich zu backen. Um ausreichend Luft in den Teig einzuarbeiten, empfiehlt es sich, ihn mit den Knethaken der Küchenmaschine zu bearbeiten.

Quark-Öl-Teig und **Quark-Butter-Teig** entstehen durch Verkneten von Quark mit Öl oder Butter, Salz und Gewürzen. Sie sind eine gute Alternative zu Hefeteig, da sie nur eine kurze Ruhephase zum Entspannen, aber keine Gehzeit benötigen. Die Teige sind von glatter, geschmeidiger Konsistenz und lassen sich sehr angenehm verarbeiten.

Brotteig ist ideal für herzhafte Muffins. Er kann aus Mischungen verschiedener Mehlsorten gefertigt werden, mit Hefe oder Sauerteig. Den Ansatz für Sauerteig findet man in Reformhäusern und Bioläden, ganz Eilige können den Brotteig auch nach Vorbestellung beim Bäcker abholen. Beim Backen von Brotteig sollte immer etwas Wasser in einem ofenfesten Gefäß mit in den Backofen gestellt werden. Das verhindert das Austrocknen der Gebäckstücke.

Brandteig ist bekannt durch die früher so beliebten Windbeutel. Muffins werden nach demselben Grundprinzip hergestellt und dann mit feinen Cremes gefüllt. Dazu Wasser, Milch und Butter aufkochen und das gesiebte Mehl (z. B. mit Hilfe eines Mehlsiebs der Fa. Kaiser Backformen) unter Rühren einarbeiten. Wenn der Teig sich als Kloß gebildet hat und eine feine Teigschicht den Boden überzieht, werden fernab der Hitzequelle die Eier einzeln eingearbeitet. Eine Tasse mit Wasser im Backofen sorgt für die nötige Feuchtigkeit beim Backen der Muffins aus Brandteig.

Blätterteig gibt es in bester Qualität in Tiefkühlregalen der Supermärkte. Die Blätterteigplatten nur kurz zum Auftauen auf ein Abkühlrost auslegen und sofort verwenden, ohne sie vorher auszurollen. Die Teigplatten lediglich halbieren und etwas in die Vertiefungen der Muffinform drücken.

Mürbeteig oder **Knetteig** verlangt nach einer schnellen Verarbeitung, damit er nicht zu warm und damit brüchig wird. Deshalb wird er vor der Verarbeitung, in Folie gewickelt, für einige Minuten in den Kühlschrank gelegt.

Kartoffelteig ist eine interessante Alternative für herzhafte Muffins. Er besteht hauptsächlich aus gekochten Kartoffeln, die durch eine Kartoffelpresse gedrückt und mit Mehl und Eiern vermengt werden. Überhaupt eignen sich gekochte Kartoffeln gut zum Backen. Unter Rührteige gemischt, sorgen sie dafür, dass der Teig schön saftig wird und sich länger frisch hält. Absolut geschmacksneutral.

Liebhaber der Vollwertkost kommen bei herzhaften Muffins voll auf ihren Geschmack.

Ein Kuchenlöser aus Kunststoff, z. B. von der Fa. Kaiser Backformen, ist so dünn wie ein Messer und beschädigt beim Herauslösen weder das Blech noch die Muffins.

7

Vegetarisch

Kräuter, Knoblauch und Oliven sind nur einige der vielen Zutaten, die Muffins auf vegetarische Art zu viel Geschmack verhelfen. Bei den Rezepten in diesem Kapitel kommt keine Langeweile auf, zumal auch einige weniger alltägliche Ingredienzien wie Sauerkraut, Cashewkerne und gar Weizenbier zu kulinarischen Besonderheiten verarbeitet werden. Vegetarisch bedeutet deshalb nicht Verzicht, sondern Genuss auf feine Art. Die geschmackliche Krönung obliegt ausgewählten Käsesorten wie Gorgonzola, Schafskäse und Hartkäse nach Art von Parmigiano-Reggiano.

Tipp der Bäckerin

Wenn Sie es bei den Porree-Muffins kräftig im Geschmack mögen, nehmen Sie 100 Gramm Gorgonzola.

Gorgonzola, ein italienischer Blauschimmelkäse aus Kuhmilch, eignet sich mit seinen zartschmelzenden Eigenschaften vorzüglich zum Backen.

Blätterteig

Porree-Gorgonzola-Muffins

1 Packung Tiefkühlblätterteig
(6 Platten)
1 dünne Stange Porree
15 g Butter oder Margarine
50 g Gorgonzola
2 Eier, 100 g saure Sahne
50 g geriebener Gouda/Emmentaler
1 EL Mehl
frisch geriebene Muskatnuss
Salz, schwarzer Pfeffer

🕐 25 Minuten
35 Minuten Backzeit

1 Den Blätterteig auftauen. Den Backofen auf 200 °C (Umluft 180 °C, Gas Stufe 3–4) vorheizen.

2 Porree waschen und in dünne Ringe schneiden. Fett erhitzen, Porree anschwitzen. Abkühlen lassen.

3 Gorgonzola klein würfeln. Mit Eiern, saurer Sahne, geriebenem Käse, Mehl und Porree mischen. Würzen.

4 Die Teigplatten halbieren. In jede Vertiefung der Muffinform ein Teigquadrat so einlegen, dass ein 1 Zentimeter hoher Rand überstehen bleibt. Füllung hineingeben, Teigspitzen oben zusammenfalten.

5 Die Muffins 30 bis 35 Minuten backen. Warm servieren.

Blätterteig

Tomaten-Paprika-Muffins

1 Packung Tiefkühlblätterteig
(6 Platten)
1/2 Paprikaschote
1 kleine Tomate
150 g geriebener Käse
(Gouda oder Emmentaler)
150 g saure Sahne
1 EL Mehl
2 Eier
Salz, schwarzer Pfeffer

🕐 25 Minuten
35 Minuten Backzeit

1 Den Blätterteig auftauen. Den Backofen auf 200 °C (Umluft 180 °C, Gas Stufe 3–4) vorheizen.

2 Paprikaschote und Tomate waschen, putzen und klein würfeln.

3 Die Hälfte des Käses mit der sauren Sahne, Mehl und Eiern verrühren. Salzen und pfeffern. Das Gemüse unterheben.

4 Die Teigplatten halbieren. In jede Vertiefung der Form ein Teigquadrat so einlegen, dass ein Rand überstehen bleibt. Je 1 Esslöffel Füllung hineingeben, Teigspitzen oben zusammenfalten. Restlichen Käse darüber verteilen.

5 Die Muffins 30 bis 35 Minuten backen. 5 Minuten in der Form abkühlen lassen. Herausnehmen und noch warm servieren.

Blätterteig

Pfifferling-Muffins

1 Packung Tiefkühlblätterteig
(6 Platten)
100 g Pfifferlinge
1 kleine Zwiebel
1 EL Öl
50 g geriebener Käse
(Gouda oder Emmentaler)
2 EL geriebener Parmesan
125 g Crème fraîche mit Knoblauch
1 EL Mehl
2 Eier
frisch geriebene Muskatnuss
Salz
frisch gemahlener schwarzer Pfeffer

🕐 **30 Minuten**
35 Minuten Backzeit

1 Den Blätterteig auftauen. Den
Backofen auf 200 °C (Umluft
180 °C, Gas Stufe 3–4) vorheizen.

2 Die Pfifferlinge putzen und klein
schneiden. Die Zwiebel abziehen
und in kleine Würfel schneiden.

3 Das Öl in einer Pfanne erhitzen,
die Zwiebel und die Pfifferlinge kurz
darin anschwitzen.

4 Den gesamten Käse mit Crème
fraîche, Mehl und den Eiern verrühren. Mit Muskatnuss, Salz und
Pfeffer würzen. Die Zwiebel-Pilze-
Mischung unterheben.

5 Die Teigplatten halbieren. In jede
Vertiefung der Muffinform ein Teig-

quadrat so einlegen, dass ein 1 Zentimeter hoher Rand überstehen
bleibt. Je 1 Esslöffel Füllung hineingeben. Die Teigspitzen oben zusammenfalten. Den restlichen Käse darüber verteilen.

6 Die Muffins 30 bis 35 Minuten
backen. 5 Minuten in der Form
abkühlen lassen. Die Muffins aus
der Form nehmen und noch warm
servieren.

Tipp der Bäckerin

Sollten Muffins mal am Rand der
Form hängen bleiben, etwa weil der
Käse geschmolzen ist, können Sie die
feinen Gebäckstücke mit einem kleinen Spatel aus Kunststoff, z. B. von
der Fa. Kaiser Backformen, aus der
Muffinform lösen.

Muffins aus Blätterteig
erfordern wenig Arbeit,
da es den Teig tief-
gekühlt zu kaufen gibt.

*Frische Pfifferlinge sind
Saisonware. Wer im
Frühjahr Lust auf diese
Muffins verspürt, der
kann getrocknete Pilze
nach dem Einweichen
ebenso verarbeiten.*

Bei der Verarbeitung von Chilischoten empfiehlt es sich, dünne Handschuhe aus Kunststoff zu tragen, damit die Schärfe nicht an die Haut und später vielleicht versehentlich in die Augen gerät.

Blätterteig

Tomaten-Mozzarella-Muffins

1 Packung Tiefkühlblätterteig
(6 Platten)
3 Tomaten
2 Kugeln Mozzarella
ein paar Basilikumblätter
100 g saure Sahne
1 EL Mehl
2 Eier
Salz, schwarzer Pfeffer

🕐 25 Minuten
35 Minuten Backzeit

1 Den Blätterteig auftauen lassen. Den Backofen auf 200 °C (Umluft 180 °C, Gas Stufe 3–4) vorheizen.

2 Die Tomaten waschen und klein schneiden. Mozzarella klein würfeln. Basilikumblätter waschen, trockentupfen und klein schneiden.

3 Sahne, Mehl und Eier verrühren. Salzen und pfeffern. Tomaten, Käse und Basilikum unterheben.

4 Teigplatten halbieren. In jede Vertiefung der Muffinform ein Teigquadrat so einlegen, dass ein 1 Zentimeter hoher Rand überstehen bleibt. Die Füllung hineingeben und die Teigspitzen oben zusammenfalten.

5 Die Muffins 30 bis 35 Minuten backen. 5 Minuten in der Form abkühlen lassen. Warm servieren.

Blätterteig

Scharfe Chili-Paprika-Muffins

1 Packung Tiefkühlblätterteig
(6 Platten)
1/2 rote oder gelbe Paprikaschote
1/2 getrocknete Chilischote
150 g geriebener Käse
(Gouda oder Emmentaler)
150 g saure Sahne
1 EL Mehl
1 Ei
Salz, schwarzer Pfeffer
Paprikapulver

🕐 25 Minuten
35 Minuten Backzeit

1 Den Blätterteig auftauen lassen. Den Backofen auf 200 °C (Umluft 180 °C, Gas Stufe 3–4) vorheizen.

2 Paprika- und Chilischote waschen, entkernen und klein würfeln. Die Hälfte des Käses mit der sauren Sahne, Mehl und Ei verrühren. Mit Salz, Pfeffer und Paprikapulver würzen. Paprika- und Chiliwürfel unterheben.

3 Teigplatten halbieren. In jede Vertiefung der Muffinform ein Teigquadrat so einlegen, dass ein 1 Zentimeter hoher Rand überstehen bleibt. Füllung hineingeben. Teigspitzen oben zusammenfalten. Restlichen Käse darüber verteilen. Die Muffins 30 bis 35 Minuten backen. 5 Minuten in der Form abkühlen lassen.

Wer möchte, kann die scharfen Chili-Paprika-Muffins vor dem Backen noch mit scharfem Paprikapulver bestreuen.

Blätterteig

Brokkoli-Muffins

1 Packung Tiefkühlblätterteig
(6 Platten)
150 g Brokkoli
150 g saure Sahne
100 g geriebener Käse
(Gouda oder Emmentaler)
1 EL Mehl
2 Eier
frisch geriebene Muskatnuss
Salz
schwarzer Pfeffer

🕐 25 Minuten
35 Minuten Backzeit

1 Den Blätterteig auftauen lassen. Den Backofen auf 200 °C (Umluft 180 °C, Gas Stufe 3–4) vorheizen.

2 Den Brokkoli waschen, putzen und in kleine Röschen teilen. Saure Sahne, die Hälfte des Käses, Mehl und Eier verrühren. Pikant würzen. Den Brokkoli unterheben.

3 Die Teigplatten halbieren. In jede Vertiefung der Form ein Teigquadrat so einlegen, dass ein 1 Zentimeter hoher Rand überstehen bleibt. Die Füllung zugeben. Die Teigspitzen oben zusammenfalten. Restlichen Käse darüber verteilen. Die Muffins 30 bis 35 Minuten backen.

Die Brokkoli-Muffins schmecken kalt und warm gleichermaßen sehr gut.

13

Kräuter für Muffins können frisch, getrocknet oder tiefgekühlt verwendet werden.

Blätterteig

Schafskäse-Oliven-Muffins

1 Packung Tiefkühlblätterteig
(6 Platten)

100 g schwarze, entsteinte Oliven

150 g Schafskäse

1 kleine Knoblauchzehe

150 g saure Sahne

1 EL Mehl

1 Ei

Salz, schwarzer Pfeffer

Thymian und Oregano nach Belieben

🕐 **25 Minuten**
35 Minuten Backzeit

1 Den Blätterteig auftauen. Den Backofen auf 200 °C (Umluft 180 °C, Gas Stufe 3–4) vorheizen.

Oliven für Muffins immer entsteint verwenden, damit Überraschungen beim Verzehr ausbleiben.

2 Die Oliven klein schneiden. Den Schafskäse mit einer Gabel etwas zerdrücken. Die Knoblauchzehe abziehen und klein hacken oder durch die Presse drücken.

3 Die Sahne mit dem Mehl und dem Ei verrühren. Oliven, Käse und Knoblauch untermischen. Mit Salz, Pfeffer, Thymian und Oregano würzen.

4 Die Teigplatten halbieren. In jede Vertiefung der Muffinform ein Teigquadrat so einlegen, dass ein 1 Zentimeter hoher Rand überstehen bleibt. Je 1 Esslöffel Füllung hineingeben. Die Teigspitzen oben zusammenfalten.

5 Die Muffins 30 bis 35 Minuten backen. 5 Minuten in der Form abkühlen lassen. Die Muffins aus der Form nehmen und noch warm servieren.

Blätterteig

Kräuter-Knoblauch-Muffins

1 Packung Tiefkühlblätterteig
(6 Platten)

150 g geriebener Käse
(Gouda oder Emmentaler)

125 g Crème fraîche mit Kräutern

1 EL Mehl

2 Eier

2-4 Knoblauchzehen

2 EL frisch gehackte Kräuter
(Kresse, Petersilie, Schnittlauch, Dill)

frisch geriebene Muskatnuss

Salz, schwarzer Pfeffer

🕐 **20 Minuten**
35 Minuten Backzeit

1 Den Blätterteig auftauen. Den Backofen auf 200 °C (Umluft 180 °C, Gas Stufe 3–4) vorheizen.

2 Die Hälfte des Käses mit Crème fraîche, Mehl und Eiern verrühren.

Den Knoblauch abziehen und klein hacken oder durch die Presse dazudrücken. Die Kräuter untermischen. Den Teig pikant würzen.

3 Die Teigplatten halbieren. In jede Vertiefung der Muffinform ein Teigquadrat so einlegen, dass ein 1 Zentimeter hoher Rand überstehen bleibt. Je 1 Esslöffel Füllung hineingeben. Die Teigspitzen oben zusammenfalten. Den restlichen Käse darüber verteilen.

4 Die Muffins 30 bis 35 Minuten backen. 5 Minuten in der Form abkühlen lassen. Die Muffins aus der Form nehmen und warm oder kalt servieren.

Blätterteig

Spargel-Gorgonzola-Muffins

1 Packung Tiefkühlblätterteig (6 Platten)

150 g frischer Spargel

Salz

1 TL Zucker

100 g Gorgonzola

150 g saure Sahne

1 EL Mehl

2 Eier

frisch geriebene Muskatnuss

schwarzer Pfeffer

🕐 **35 Minuten**
25 Minuten Backzeit

1 Den Blätterteig auftauen. Den Spargel schälen. Wasser mit 1 Teelöffel Salz und dem Zucker aufkochen und den Spargel darin in 15 Minuten garen. Herausnehmen, etwas abtropfen lassen und in Stücke schneiden.

2 Den Backofen auf 200 °C (Umluft 180 °C, Gas Stufe 3–4) vorheizen.

3 Den Käse würfeln. Käse, saure Sahne, Mehl und Eier verrühren. Pikant würzen. Die Spargelstücke unterheben.

4 Die Teigplatten halbieren. In jede Vertiefung der Muffinform ein Teigquadrat so einlegen, dass ein 1 Zentimeter hoher Rand überstehen bleibt. Je 1 Esslöffel Füllung hineingeben. Die Teigspitzen oben zusammenfalten.

5 Die Muffins 20 bis 25 Minuten backen. 5 Minuten in der Form abkühlen lassen. Herausnehmen und noch warm servieren.

Mit einem kleinen Schuss Tabasco-Sauce wird jeder Muffin pikanter schmecken.

Spargel schält man von oben nach unten, wobei der Kopf selbstverständlich verschont wird.

Sauerkraut ist ein sehr gesundes, vitalstoffreiches Gemüse, das sich bestens zum Backen eignet.

Blätterteig

Sauerkraut-Muffins mit Dip

1 Packung Tiefkühlblätterteig
(6 Platten)
1 kleine Möhre
1 kleine Stange Porree
1 EL Butter
250 g Sauerkraut
Salz, schwarzer Pfeffer
100 ml trockener Weißwein
1 Ei
Für den Kräuterdip:
300 g Joghurt
150 g saure Sahne
1 EL gehackte Petersilie
1 EL Schnittlauchröllchen
Paprikapulver
Salz, schwarzer Pfeffer

🕐 **25 Minuten**
25 Minuten Backzeit

Aus Joghurt und Kräutern lässt sich schnell ein passender Dip zubereiten. Saure Sahne sorgt dabei für ein geschmeidigeres Ergebnis.

1 Den Blätterteig auftauen. Den Backofen auf 200 °C (Umluft 180 °C, Gas Stufe 3–4) vorheizen.

2 Die Möhre waschen und fein raspeln. Den Porree waschen, putzen und in dünne Ringe schneiden.

3 Butter erhitzen und die Möhrenraspel und die Porreeringe darin anbraten.

Das Sauerkraut mit einer Gabel auflockern und zugeben. Salzen und pfeffern. Den Wein angießen. Die Mischung zugedeckt bei schwacher Hitze etwa 10 Minuten dünsten.

4 Die Teigplatten halbieren. In jede Vertiefung der Muffinform ein Teigquadrat so einlegen, dass ein 1 Zentimeter hoher Rand überstehen bleibt. Je 1 Esslöffel Füllung hineingeben. Die Teigspitzen oben zusammenfalten. Das Ei verquirlen und die Muffins damit bestreichen.

5 Die Muffinform in den Backofen stellen und die Muffins 20 bis 25 Minuten backen.

6 Für den Kräuterdip den Joghurt mit der sauren Sahne glatt rühren. Petersilie und Schnittlauch untermischen. Pikant würzen.

7 Die Form aus dem Backofen nehmen. Die Muffins 5 Minuten in der Form abkühlen lassen.

8 Die Muffins noch warm zusammen mit dem Dip servieren.

Tipp der Bäckerin

Servieren Sie die Sauerkraut-Muffins mit dem Weißwein, den Sie zum Backen verwendet haben.

Kräftiger im Geschmack werden Muffins, wenn man statt Gouda oder Emmentaler würzigere Käsesorten wie Appenzeller oder Gruyère (Greyerzer) verwendet. Dann kann man auch getrost auf Salz zum Würzen verzichten.

Ob gelb oder grün, Zucchini lassen sich gut raspeln. Bleiben die Raspel länger stehen, tritt Wasser aus dem Gewebe aus, das dann entfernt werden sollte.

Blätterteig

Zucchini-Möhren-Muffins

1 Packung Tiefkühlblätterteig (6 Platten)
1/2 Zucchini
1/2 Möhre
100 g geriebener Käse (Gouda oder Emmentaler)
100 g saure Sahne
1 EL Mehl
2 Eier
frisch geriebene Muskatnuss
Salz, schwarzer Pfeffer

🕐 25 Minuten
35 Minuten Backzeit

1 Den Blätterteig auftauen. Den Backofen auf 200 °C (Umluft 180 °C, Gas Stufe 3–4) vorheizen.

2 Zucchini und Möhre waschen und fein raspeln. Die Hälfte des Käses, saure Sahne, Mehl und Eier verrühren. Mit Muskatnuss, Salz und Pfeffer würzen. Das Gemüse unterheben.

3 Die Teigplatten halbieren. In jede Vertiefung der Muffinform ein Teigquadrat so einlegen, dass ein 1 Zentimeter hoher Rand überstehen bleibt. Füllung hineingeben. Die Teigspitzen oben zusammenfalten. Restlichen Käse darüber verteilen.

4 Die Muffins 30 bis 35 Minuten backen. 5 bis 10 Minuten in der Form abkühlen lassen. Die Muffins noch warm servieren.

Hefeteig

Weizenbier-Muffins

250 g Mehl
1/2 Päckchen Trockenhefe
1 TL getrockneter Thymian
1 TL Salz
150 ml zimmerwarmes dunkles Weizenbier
3 EL Olivenöl
100 g schwarze entsteinte Oliven
1 Knoblauchzehe
1 EL Pinienkerne
3 EL geriebener Parmesan

🕐 45 Minuten
30 Minuten Backzeit

1 Das Mehl sieben und mit Hefe, Thymian und Salz vermischen. Bier und 2 Esslöffel Öl zufügen. Alles zu einem glatten Teig verkneten. Zugedeckt 20 Minuten gehen lassen.

2 Die Oliven klein schneiden. Die Knoblauchzehe abziehen und zerdrücken. Pinienkerne klein hacken.

3 Den Teig durchkneten, dabei Oliven, Knoblauch, Pinienkerne und 2 Esslöffel Käse mit einarbeiten. Aus dem Teig 12 Kugeln formen und in die Muffinform setzen. Mit dem restlichen Öl bestreichen und mit dem restlichen Käse bestreuen.

4 Die Form in den kalten Backofen schieben und die Muffins bei 200 °C (Umluft 180 °C, Gas Stufe 3–4) 25 bis 30 Minuten backen. Herausnehmen. Warm oder kalt servieren.

Hefeteig

Cashewkern-Spinat-Muffins

80 ml lauwarme Milch
1/2 Würfel frische Hefe (21 g)
150 g Mehl
Salz
20 g Butter
1 Ei
Für die Füllung:
100 g Blattspinat (tiefgekühlt)
50 g geschälte Cashewkerne
1 kleine Knoblauchzehe
1 Ei
100 g Crème fraîche
1 EL Mehl
4 EL frisch geriebener Parmesan
frisch geriebene Muskatnuss
Salz, schwarzer Pfeffer

🕐 **55 Minuten**
25 Minuten Backzeit

1 Die Milch mit 1 Esslöffel lauwarmem Wasser in einer Schüssel verrühren und die Hefe darin auflösen. Das Mehl in die Schüssel sieben. Salz, Butter und Ei zugeben. Alles mit den Knethaken der Küchenmaschine zu einem glatten Teig verkneten. Den Teig zugedeckt an einem warmen, zugfreien Ort 20 Minuten gehen lassen.

2 Den Blattspinat auftauen. Den Backofen auf 200 °C (Umluft 180 °C, Gas Stufe 3–4) vorheizen.

3 Die Cashewkerne klein hacken. Den Knoblauch abziehen und zerdrücken. Das Ei mit Crème fraîche, Mehl und Käse verrühren. Pikant würzen. Cashewkerne und Knoblauch einarbeiten.

4 Aus dem Teig 12 Kugeln formen und in die Muffinform setzen. Jeweils in die Mitte eine Mulde drücken und dabei einen 2 Zentimeter hohen Rand formen. Den Spinat ausdrücken, etwas zerkleinern und in die Mulden legen. Mit der angerührten Crème fraîche bedecken.

5 Die Muffins 20 bis 25 Minuten backen. 5 Minuten in der Form abkühlen lassen. Herausnehmen und noch warm servieren.

Tipp der Bäckerin

Bei Verwendung von frischem Blattspinat diesen waschen, kurz abtropfen lassen und in einer Pfanne bei mittlerer Hitze erwärmen, bis er zusammenfällt.

Cashewkerne sind leicht süßliche, mandel- oder haselnussartig aromatische Kerne, die sich in nierenförmigen Nüssen unter einer harten, ungenießbaren Schale entwickeln. Die Nüsse hängen an zu »Cashewäpfeln« verdickten Fruchtstielen und müssen aufwändig behandelt werden, bevor sie in den Laden kommen.

Spinat ist als Eisenlieferant nicht so gut geeignet wie jahrelang behauptet wurde. Sein Gehalt an Oxalsäure verhindert zum Teil die Aufnahme im Körper.

Ciabatta-Muffins

Damit der Ciabatta-Teig seine großporige Beschaffenheit mit dünner Kruste ausbilden kann, muss er vor dem Backen gut gehen. Deshalb bietet es sich an, den Teig zum Aufgehen bei 30 °C in den Backofen zu stellen. Beim Backen soll das in einer Tasse dazugestellte Wasser für die nötige Feuchtigkeit sorgen.

1/4 Würfel frische Hefe oder
1/2 Päckchen Trockenhefe
150 g Natur-Sauerteig
300 g Mehl
4 EL Olivenöl
1/2 TL Salz
1 große Knoblauchzehe
1 kleine feste Tomate
etwas Thymian

🕐 110 Minuten
40 Minuten Backzeit

1 Die Hefe in 200 Milliliter lauwarmem Wasser auflösen. Den Natur-Sauerteig zufügen und unter Rühren darin auflösen. Das Mehl darüber sieben. Öl und Salz zugeben. Alles mit den Knethaken der Küchenmaschine zu einem glatten Teig verkneten. Mit einem feuchten Tuch abdecken und an einem warmen Ort etwa 1 Stunde gehen lassen, bis der Teig etwa das Doppelte seines Volumens erreicht hat.

2 Die Knoblauchzehe abziehen und zerdrücken. Die Tomate waschen, halbieren, die Samen mit ihrem wässrigen Mantel auslöffeln und das Fruchtfleisch würfeln.

3 Den Teig kurz durchkneten, dabei Knoblauch, Tomate und Thymian mit einarbeiten. Abdecken und erneut etwa 30 Minuten gehen lassen.

4 Aus dem Teig 12 Kugeln formen und in die Muffinform setzen. Die Form in den kalten Backofen stellen und die Muffins bei 200 °C (Umluft 180 °C, Gas Stufe 3–4) 35 bis 40 Minuten backen; dabei eine Tasse mit Wasser mit in den Backofen stellen.

5 Die Form aus dem Backofen nehmen und die Muffins 5 Minuten in der Form abkühlen lassen. Herausnehmen und vor dem Verzehr vollständig abkühlen lassen.

Frische Hefe bringt ihr unverwechselbares Aroma mit in den Teig ein.

Hefeteig

Pesto-Muffins

50 ml lauwarme Milch
1/2 Würfel frische Hefe (21 g) oder
1 Päckchen Trockenhefe
300 g Mehl
1,5 TL Salz
40 g Butter, 1 Ei
150 g Basilikumblätter
3 Knoblauchzehen
1 EL Pinienkerne
4 EL frisch geriebener Parmesan
4 EL natives Olivenöl

🕐 **45 Minuten**
25 Minuten Backzeit

1 Die Milch mit 50 Milliliter lauwarmem Wasser und der Hefe verrühren. Mehl darüber sieben. Mit 1 Teelöffel Salz, Butter und Ei zu einem Teig verkneten. 20 Minuten gehen lassen.

2 Basilikum waschen. Knoblauch abziehen. Beides mit den Pinienkernen und etwas Salz pürieren. Parmesan und Öl unterrühren. Den Teig durchkneten und dabei das Pesto mit einarbeiten. Aus dem Teig 12 Kugeln formen und in die Form setzen. Die Muffins in den kalten Backofen stellen und bei 200 °C (Umluft 180 °C, Gas Stufe 3-4) 20 bis 25 Minuten backen.

Pesto-Muffins aus Hefeteig schmecken am Tag der Herstellung am besten.

Wie eine Art Osterkranz umhüllt Hefeteig die gekochten Eihälften bei diesen Ostermuffins.

Bei der Verwendung von Eiern sollte immer auf deren Frische geachtet werden.

Hefeteig

Ostermuffins

7 Eier
3 EL lauwarme Milch
1/2 Würfel frische Hefe (21 g) oder
1 Päckchen Trockenhefe
300 g Mehl
4 EL gehackte Kräuter
(Kresse, Petersilie, Schnittlauch oder Kerbel)
1 TL Salz
schwarzer Pfeffer
80 g Butter oder Margarine
3 EL natives Olivenöl
Außerdem:
1 Eigelb
1 EL Milch

⏱ 55 Minuten
25 Minuten Backzeit

1 6 Eier in 10 Minuten hart kochen, abschrecken, pellen und halbieren.

2 Milch und 3 Esslöffel lauwarmes Wasser verrühren. Die Hefe darin auflösen und kurz gehen lassen.

3 Das Mehl auf die Hefe sieben. Die Hälfte der Kräuter, Salz, Pfeffer, Butter, das restliche Ei und 2 Esslöffel Öl zufügen. Mit den Knethaken der Küchenmaschine zu einem glatten Teig verarbeiten. 30 Minuten gehen lassen.

4 Aus dem Teig 12 Kugeln formen und jeweils eine Mulde eindrücken. Je eine

Eihälfte hineingeben, den Teig ringsherum zusammenziehen und erneut rund formen. Die Kugeln in die Muffinform setzen. Das Eigelb mit der Milch verquirlen und die Teigkugeln damit bestreichen.

5 Die Form in den kalten Backofen stellen und diesen auf 200 °C (Umluft 180 °C, Gas Stufe 3–4) aufheizen. Die Muffins 20 bis 25 Minuten backen. Aus dem Backofen nehmen.

6 Die Muffins 5 Minuten in der Form abkühlen lassen. Noch warm mit dem restlichen Öl bestreichen. Die restlichen Kräuter über die Muffins streuen und noch am gleichen Tag verzehren.

Hefeteig

Low-Fat-Muffins

200 g Mehl
50 g Vollkornmehl
1/2 Päckchen Trockenhefe
1/2 TL Zucker
Salz
schwarzer Pfeffer
getrockneter Oregano
4 EL Parmesan
150 g lauwarme Buttermilch
2 EL natives Olivenöl
100 g braune Champignons
1 mittelgroße Tomate
1 Knoblauchzehe

⏱ 45 Minuten
25 Minuten Backzeit

1 Beide Mehlsorten, Hefe, Zucker, Salz, Pfeffer, Oregano und 3 Esslöffel Käse mischen. Buttermilch und die Hälfte des Öls zugießen. Mit den Knethaken der Küchenmaschine zu einem glatten Teig verkneten. Den Teig zugedeckt an einem warmen Ort 20 Minuten gehen lassen.

2 Die Champignons putzen und würfeln. Die Tomate waschen, halbieren, die Samen mit ihrem wässrigen Mantel auslöffeln und das Fruchtfleisch würfeln. Knoblauch abziehen, durchpressen und zusammen mit Champignon- und Tomatenstücken unter den Teig kneten.

3 Aus dem Teig 12 Kugeln formen und in die Muffinform setzen. Mit dem restlichen Öl bestreichen und mit dem restlichen Käse bestreuen.

4 Die Form in den kalten Backofen stellen. Auf 200 °C (Umluft 180 °C, Gas Stufe 3–4) aufheizen. Die Muffins 20 bis 25 Minuten backen. 5 Minuten in der Form abkühlen lassen. Die Low-Fat-Muffins am besten warm servieren.

Tipp der Bäckerin

Italienischen Hartkäse nach Art des Parmigiano-Reggiano, landläufig als »Parmesan« bekannt, sollten Sie erst kurz vor dem Gebrauch reiben. So entfaltet er am besten seinen würzigen Geschmack. Hierfür gibt es spezielle Reiben, da der Käse sehr fest ist.

Hefeteig

Knoblauch-Kräuter-Muffins

100 ml lauwarme Milch
1/2 Würfel frische Hefe (21 g) oder
1 Päckchen Trockenhefe
250 g Mehl
1 TL Salz
40 g Butter oder Margarine
1 Ei
2 mittelgroße Tomaten
2 große Knoblauchzehen
Thymian und Oregano
1 EL Olivenöl

🕐 **40 Minuten**
35 Minuten Backzeit

1 In einer Schüssel die Milch mit 1 Esslöffel lauwarmem Wasser verdünnen. Die Hefe darin auflösen.

2 Das Mehl über die Hefe sieben. Mit Salz, Butter und Ei verkneten. Den Teig 20 Minuten gehen lassen.

3 Den Backofen auf 200 °C (Umluft 180 °C, Gas Stufe 3–4) vorheizen.

4 Tomaten entkernen, würfeln. Knoblauch abziehen, zerdrücken. Beides mit etwas Thymian und Oregano unter den Teig kneten.

5 Aus dem Teig 12 Kugeln formen und in die Form setzen. Mit Öl bestreichen. Mit Thymian und Oregano bestreuen. Die Muffins 35 Minuten backen. Warm servieren.

Sofern man ihm Zeit lässt, geht Hefeteig auch im Kühlschrank auf. Ideal, wenn man den Teig am Tag zuvor zubereiten möchte.

Thymian ist ein feines, geschmacksintensives Würzkraut, das gut mit Tomaten und Knoblauch harmoniert.

23

Quark-Öl-Teig

Quark-Tomaten-Mozzarella-Muffins

Diese Muffins vertragen eine gute Prise Pfeffer. Frisch gemahlener bringt dabei auch eine Menge Aroma mit ein.

150 g Magerquark

6 EL Olivenöl

2 EL Milch

1 Ei

1/2 TL Zucker

1 TL Salz

schwarzer Pfeffer

250 g Mehl

1/2 TL Backpulver

2 Kugeln Mozzarella

3 mittelgroße Tomaten

10 Basilikumblätter

🕐 30 Minuten
25 Minuten Backzeit

1 Für den Teig den Quark mit Öl, Milch, Ei, Zucker, Salz und Pfeffer glatt rühren. Mehl und Backpulver dazusieben und alles zu einem glatten, geschmeidigen Teig verkneten.

2 1 Kugel Mozzarella klein würfeln. Die Tomaten waschen, halbieren, die

Der Original-Mozzarella aus Büffelmilch ist ungleich würziger als der gleichnamige Käse aus Kuhmilch.

Samen mit ihrem wässrigen Mantel auslöffeln und das Fruchtfleisch würfeln. Die Basilikumblätter waschen, trockentupfen und klein schneiden. Mozzarellawürfel, Tomatenstücke und Basilikum unter den Teig arbeiten.

3 Den Teig in Klarsichtfolie wickeln und 15 Minuten im Kühlschrank ruhen lassen.

4 Die Muffinform mit etwas Butter einfetten und für kurze Zeit in den Kühlschrank stellen. Den Backofen vorheizen auf 200 °C (Umluft 180 °C, Gas Stufe 3-4).

5 Aus dem Teig 12 Kugeln formen und in die Muffinform setzen. Die zweite Kugel Mozzarella in dünne Scheiben schneiden. Je eine Scheibe Käse auf eine Teigkugel legen.

6 Die Muffins 20 bis 25 Minuten backen. Die Form aus dem Backofen nehmen und 5 Minuten abkühlen lassen. Die Muffins herausnehmen und noch warm servieren.

Quark-Öl-Teig

Kräuter-Frischkäse-Muffins

Tipp der Bäckerin

Die Frischkäse-Knoblauch-Muffins vertragen auch noch mehr Knoblauch. Dazu einen pikant angemachten Frischkäse reichen.

150 g Magerquark
4 EL Olivenöl
2 EL Milch
3 EL Frischkäse
1 Ei
1/2 TL Zucker
1 TL Salz, schwarzer Pfeffer
3 EL frisch gehackte Kräuter
(Kerbel, Schnittlauch, Petersilie)
3 große Knoblauchzehen
250 g Mehl
1/2 TL Backpulver
Außerdem:
1 Ei, 2 EL Milch

Frischkäse und Quark nehmen dankbar jede Art von Würzung an.

🕐 **30 Minuten**
30 Minuten Backzeit

1 Quark mit Öl, Milch, Frischkäse, Ei, Zucker, Salz, Pfeffer und Kräutern glatt rühren. Knoblauch abziehen und dazudrücken. Mehl und Backpulver dazusieben. Alles zu einem glatten Teig verkneten. In Folie wickeln und 15 Minuten im Kühlschrank ruhen lassen.

2 Die Muffinform einfetten und für kurze Zeit in den Kühlschrank stellen. Den Backofen auf 200 °C (Umluft 180 °C, Gas Stufe 3-4) vorheizen.

3 Aus dem Teig 12 Kugeln formen und in die Muffinform setzen. Das Ei und die Milch mit der Gabel verquirlen und die Muffins damit bestreichen.

4 Die Muffins 25 bis 30 Minuten backen. 5 Minuten in der Form abkühlen lassen und warm oder kalt servieren.

Quark-Öl-Teig

Frischkäse-Knoblauch-Muffins

150 g Magerquark
4 EL Olivenöl
2 EL Milch
3 EL Kräuterfrischkäse
1 Ei
1/2 TL Zucker
1 TL Salz, schwarzer Pfeffer
3 große Knoblauchzehen
250 g Mehl
1/2 TL Backpulver
Außerdem:
1 Ei
1 EL Milch
50 g geriebener Käse
(Gouda oder Emmentaler)

🕐 **30 Minuten**
20 Minuten Backzeit

1 Quark mit Öl, Milch, Frischkäse, Ei, Zucker, Salz und Pfeffer glatt rühren. Knoblauch abziehen und dazudrücken. Mehl und Backpulver dazusieben. Alles zu einem glatten, geschmeidigen Teig verkneten. Den Teig in Folie wickeln und 15 Minuten im Kühlschrank ruhen lassen.

2 Die Muffinform einfetten und kühl stellen. Den Backofen auf 200 °C (Umluft 180 °C, Gas Stufe 3–4) vorheizen.

3 Aus dem Teig 12 Kugeln formen und in die Vertiefungen der Muffinform setzen. Sollte der Teig noch kleben, mit etwas Mehl bestäuben. Ei und Milch verrühren und die Teigkugeln damit bestreichen. Käse darüber streuen.

4 Die Muffins 15 bis 20 Minuten backen. 5 Minuten in der Form abkühlen lassen. Die Muffins noch warm servieren.

Quark-Butter-Teig

Brokkoli-Mandel-Muffins

60 g Buchweizenmehl
100 g Mehl
140 g Butter oder Margarine
140 g Magerquark
1 Prise Salz
100 g Brokkoli
70 g Gorgonzola
2 Eigelbe, 100 g Crème fraîche
Salz, schwarzer Pfeffer
frisch geriebene Muskatnuss
4 EL Mandelblättchen

45 Minuten
25 Minuten Backzeit

1 Beide Mehlarten sieben. Butter oder Margarine, Quark und Salz zugeben und alles zu einem geschmeidigen Teig verkneten. Den Teig zugedeckt im Kühlschrank 20 Minuten ruhen lassen.

2 Den Backofen auf 200 °C (Umluft 180 °C, Gas Stufe 3–4) vorheizen.

3 Den Brokkoli waschen, putzen und zerkleinern. Den Käse klein würfeln. Eigelbe und Crème fraîche cremig aufschlagen. Mit Salz, Pfeffer und Muskatnuss würzen.

4 Aus dem Teig 12 Kugeln formen und in die Muffinform setzen. Jeweils in die Mitte eine Mulde drücken und dabei einen 1 Zentimeter hohen Rand formen. Brokkoli und Gorgonzola darin verteilen. Die angerührte Crème fraîche darüber gießen. Mit den Mandelblättchen bestreuen.

5 Die Muffins 20 bis 25 Minuten backen. 5 Minuten in der Form abkühlen lassen. Warm servieren.

Weicher wird Brokkoli, wenn er zuvor kurz in kochendem Wasser blanchiert wird. Zum Erhalt seiner grünen Farbe anschließend in eiskaltem Wasser abschrecken.

Mit seiner grünen Farbe setzt Brokkoli feine optische Akzente.

27

Kleine Zwiebeln ähneln geschälten Schalotten, sind aber etwas kräftiger im Geschmack.

Quark-Butter-Teig

Kräuterbutter-Quark-Zwiebel-Muffins

140 g Magerquark
140 g Kräuterbutter
1 Prise Salz
140 g Mehl
Für die Füllung:
1 kleine Zwiebel
1 EL Öl
2 EL Frischkäse
1 Ei
100 g saure Sahne
50 g geriebener Käse
(Gouda oder Emmentaler)
schwarzer Pfeffer

🕐 25 Minuten
25 Minuten Backzeit

1 Den Quark mit Kräuterbutter und Salz glatt rühren. Das Mehl darüber sieben und alles zu einem glatten, geschmeidigen Teig verkneten. In Folie wickeln und 15 Minuten im Kühlschrank ruhen lassen.

2 Muffinform einfetten, kühl stellen. Backofen auf 200 °C (Umluft 180 °C, Gas Stufe 3–4) vorheizen.

3 Zwiebel abziehen und klein würfeln. Öl erhitzen, die Zwiebel kurz darin anbraten und herausnehmen. Zwiebelwürfel, Frischkäse, Ei, saure Sahne und die Hälfte des Käses verrühren. Mit Pfeffer würzen.

4 Aus dem Teig 12 Kugeln formen und in die Vertiefungen der Muffinform setzen. Jeweils in die Mitte eine Mulde drücken und dabei einen 2 Zentimeter hohen Rand formen. Je dünner der Teig dabei gezogen wird, desto knuspriger werden die Muffins. Je 1 Esslöffel Füllung hineingeben. Den restlichen Käse darüber verteilen.

5 Die Muffins 25 Minuten backen. Die Form aus dem Backofen nehmen und 5 Minuten abkühlen lassen. Die Muffins herausnehmen und noch warm servieren.

Quark-Öl-Teig

Quark-Gorgonzola-Muffins

150 g Magerquark
4 EL Sonnenblumenöl
3 EL Crème légère
2 EL Milch, 1 Ei, 1/2 TL Zucker
1 TL Salz, schwarzer Pfeffer
250 g Mehl
1/2 TL Backpulver
150 g Gorgonzola
Außerdem:
1 Ei, 1 EL Milch
50 g Gorgonzola

🕐 **25 Minuten**
20 Minuten Backzeit

1 Den Quark mit Öl, Crème légère, Milch, Ei, Zucker, Salz und Pfeffer glatt rühren. Das Mehl und das Backpulver dazusieben. Alles zu einem glatten Teig verarbeiten. Den Käse würfeln und einarbeiten. Den Teig in Folie wickeln und 15 Minuten kühl ruhen lassen.

2 Muffinform einfetten, kühl stellen. Backofen auf 200 °C (Umluft 180 °C, Gas Stufe 3–4) vorheizen.

3 12 Teigkugeln formen und in die Form setzen. Ei und Milch verquirlen, darüber streichen. Käse darüber verteilen. Muffins 15 bis 20 Minuten backen. Warm servieren.

Quark-Gorgonzola-Muffins enthalten keine Füllung, sondern ihre Würzung gleich im Teig.

Herzhafte Muffins lassen sich leicht wieder aufwärmen. Ideal, wenn man es nicht schafft, die frischen Schätze sofort nach dem Backen zu servieren.

Quark-Butter-Teig

Rahmporree-Muffins

250 g Rahmporree (tiefgekühlt)
140 g Mehl
140 g Butter oder Margarine
140 g Magerquark
1 Prise Salz
3 EL frisch geriebener Parmesan
schwarzer Pfeffer
frisch geriebene Muskatnuss
1 Ei

🕐 40 Minuten
25 Minuten Backzeit

1 Porree auftauen. Mehl sieben, mit Butter, Quark und Salz verkneten. Den Teig 20 Minuten kühl ruhen lassen.

2 Den Backofen auf 200 °C (Umluft 180 °C, Gas Stufe 3–4) vorheizen.

3 Porree erhitzen. Käse einrühren, würzen und kurz aufkochen lassen. Das Ei einrühren und die Masse abkühlen lassen. Aus dem Teig 12 Kugeln formen und in die Form setzen. Jeweils in die Mitte eine Mulde drücken und dabei einen 1 Zentimeter hohen Rand formen. Gemüse hineingeben.

4 Die Muffins 20 bis 25 Minuten backen. 5 Minuten in der Form abkühlen lassen.

Rahmporree gibt es in Supermärkten tiefgekühlt zu kaufen.

Knetteig

Käse-Brokkoli-Muffins

200 g Mehl
50 g Butter oder Margarine
1/2 TL Salz
1/2 TL Essig
100 g Brokkoli
80 g Quark
80 g Crème fraîche
1 Ei
100 g geriebener Käse
(Gouda oder Emmentaler)
frisch geriebene Muskatnuss
Salz, schwarzer Pfeffer

🕐 45 Minuten
25 Minuten Backzeit

1 Das Mehl sieben. Mit Butter, Salz, Essig und 100 Milliliter Wasser zu einem Teig verkneten. In Folie wickeln und kühl etwas ruhen lassen.

2 Die Muffinform einfetten und für kurze Zeit in den Kühlschrank stellen. Backofen auf 200 °C (Umluft 180 °C, Gas Stufe 3–4) vorheizen.

3 Brokkoli waschen, in Röschen teilen. Quark, Crème fraîche, Ei und 50 Gramm Käse verrühren. Würzen.

4 Aus dem Teig 12 Kugeln formen und in die Form setzen. Je eine Mulde eindrücken und dabei einen 1 Zentimeter hohen Rand formen. Brokkoli einfüllen und die Quarkmasse darüber geben. Mit dem restlichen Käse bestreuen. Die Muffins 25 Minuten backen.

Knetteig

Spinat-Rosinen-Mandel-Muffins

100 g Mehl
100 g gemahlene Mandeln
2 TL Zucker, 1 gestrichener TL Salz
125 g Butter oder Margarine
2 Eigelb
100 g Blattspinat (tiefgekühlt)
150 g Crème fraîche, 50 ml Milch
1 Ei, Salz, schwarzer Pfeffer
2 EL Rosinen
2 EL Mandelblättchen

🕐 **50 Minuten**
20 Minuten Backzeit

1 Das Mehl sieben. Mit Mandeln, Zucker, Salz, Butter und Eigelb zu Teig verkneten. In Folie wickeln, 30 Minuten kühl ruhen lassen.

2 Muffinform einfetten, kühl stellen. Backofen auf 200 °C (Umluft 180 °C, Gas Stufe 3–4) vorheizen.

3 Den Spinat auftauen und ausdrücken. Crème fraîche, Milch und Ei verrühren, salzen und pfeffern. 12 Teigkugeln formen, in die Form geben. Mulden eindrücken, dabei dünne Ränder formen. Spinat, Rosinen und Crème fraîche einschichten. Mit Mandeln bestreuen. Die Muffins 15 bis 20 Minuten backen.

Muffins aus Knetteig werden um so knuspriger, je dünner der am Rand hochstehende Teig ausgezogen wird.

Rührteig

Erbsen-Mais-Paprika-Muffins

50 g Erbsen (Dose)

50 g Maiskörner (Dose)

1/2 rote Paprikaschote

150 g Butter oder Margarine

1 Ei

6 EL Milch

1 EL frisch geriebener Parmesan

100 g geriebener Käse
(Gouda oder Emmentaler)

Salz, schwarzer Pfeffer

250 g Mehl

1 Päckchen Backpulver

🕐 **15 Minuten**
25 Minuten Backzeit

Diese Muffins sind etwas für Eilige, denn das Gemüse bedarf nur eines kleinen zeitlichen Aufwands bei der Zubereitung.

1 Die Vertiefungen der Muffinform einfetten und die Form für kurze Zeit in den Kühlschrank stellen. Den Backofen auf 200 °C (Umluft 180 °C, Gas Stufe 3–4) vorheizen.

Frische Erbsen müssen vor der Zubereitung »ausgepalt« werden. Dafür die Hülsen aufdrücken und die Samen herausholen.

2 Die Erbsen und den Mais abtropfen lassen. Paprikaschote waschen, Stielansatz, Trennwände und Samen entfernen und das Fruchtfleisch in kleine Würfel schneiden.

3 Die Butter beziehungsweise die Margarine zerlassen und leicht abkühlen lassen.

4 Das Ei mit den Quirlen des Handrührgeräts schaumig schlagen. Die zerlassene Butter und die Milch in das Ei rühren. Das Gemüse, den Parmesan und 3/4 des geriebenen Käses unterrühren. Salzen und pfeffern.

5 Das Mehl und das Backpulver auf die Masse sieben. Beides so unterrühren, dass der Teig feucht ist und noch Klumpen aufweist.

6 Die Vertiefungen der Muffinform zu 2/3 ihrer Höhe mit Teig füllen. Den restlichen Käse darüber streuen.

7 Die Form in den Backofen stellen und die Muffins 20 bis 25 Minuten backen. 5 Minuten in der Form abkühlen lassen. Die Muffins herausnehmen und noch warm servieren.

Tipp der Bäckerin

Den Rührteig für Muffins nur ganz kurz rühren, sodass noch Klümpchen sichtbar sind. Denn je stärker der Teig gerührt wird, desto kompakter werden die Muffins.

Brandteig

Meerrettich-Muffins

Muffins aus Brandteig
erfordern etwas mehr
Zeitaufwand als andere
Teige. Das Ergebnis ist
jedoch die Mühe wert.

175 g Mehl
85 g Butter
1 Prise Salz
2 Eier
2 EL Sesam
Für die Füllung:
250 g Frischkäse
1 EL Joghurt
3 EL Meerrettich
1/2 TL Majoran
1 TL Basilikum
Salz, schwarzer Pfeffer

🕐 **30 Minuten**
25 Minuten Backzeit

1 Muffinform einfetten, kühl stellen. Backofen auf 200 °C (Umluft
180 °C, Gas Stufe 3–4) vorheizen.

*Wird frischer Meer-
rettich vor der Zuberei-
tung tiefgekühlt, steigen
beim Reiben keine Trä-
nen in die Augen.*

2 Mehl sieben und griffbereit stellen. 150 Milliliter Wasser, Butter und
Salz unter Rühren aufkochen.

3 Das gesiebte Mehl auf einmal in
die kochende Flüssigkeit schütten,
dabei ständig rühren. Bei mittlerer
Hitze so lange rühren, bis sich die
Masse als Kloß vom Topf löst und
der Topfboden mit einer dünnen,
weißen Teigschicht bedeckt ist.

4 Den Teig in eine Schüssel geben
und etwas abkühlen lassen. Ein Ei
unterrühren bis es sich vollständig
mit der Masse verbunden hat. Das
zweite Ei unterrühren, bis der Teig
weich vom Löffel fällt.

5 Die Vertiefungen der Muffinform
zu 2/3 ihrer Höhe mit Teig füllen.
Mit Sesam bestreuen.

6 Die Muffins 20 bis 25 Minuten
backen. 5 Minuten in der Form abkühlen lassen. Herausnehmen und
ganz auskühlen lassen.

7 Für die Füllung den Frischkäse mit
Joghurt, Meerrettich, Majoran und
Basilikum im Mixer pürieren, salzen
und pfeffern.

8 Die Muffins horizontal halbieren,
mit der Meerrettichcreme füllen und
wieder zusammensetzen. Frisch verzehren, so sind sie noch luftig.

Tipp der Bäckerin

Stellen Sie beim Backen von Brandteig
eine Tasse Wasser mit in den Backofen,
damit die Gebäckstücke nicht austrocknen und schön saftig werden.

Brandteig

Avocadocreme-Muffins

175 g Mehl, 85 g Butter
Salz
2 Eier
1 reife Avocado
1 kleine Zwiebel
1 kleine Gewürzgurke
schwarzer Pfeffer

🕐 **35 Minuten**
25 Minuten Backzeit

1 Muffinform einfetten, kühl stellen. Backofen auf 200 °C (Umluft 180 °C, Gas Stufe 3–4) vorheizen.

2 Den Brandteig zubereiten wie im nebenstehenden Rezept in den Schritten 2 bis 4 beschrieben.

3 Die Vertiefungen der Muffinform zu 2/3 ihrer Höhe mit Teig füllen. Die Muffins 20 bis 25 Minuten backen. Auskühlen lassen.

4 Die Avocado schälen und vom Kern lösen. Die Zwiebel abziehen und vierteln. Die Gurke halbieren. Alle drei Zutaten miteinander im Mixer pürieren, salzen und pfeffern.

5 Die Avocadocreme getrennt servieren oder die Muffins aufschneiden und damit füllen.

Die Avocadocreme für die Muffins verträgt auch etwas Zitronensaft.

Rührteig

Halloween-Muffins

Diese Muffins sind ideal für eine stilvolle Halloween-Party, zumal sie so handlich sind.

150 g Kürbis-Fruchtfleisch
1/2 TL Salz
1 kleine Zwiebel
1 EL Öl
150 g Butter oder Margarine
1 Ei
6 EL Milch
100 g geriebener Käse
(Gouda oder Emmentaler)
Salz, schwarzer Pfeffer
200 g Mehl
1 Päckchen Backpulver

🕐 30 Minuten
20 Minuten Backzeit

1 Das Kürbis-Fruchtfleisch in kleine Würfel schneiden und in einen Topf geben. Mit 200 Milliliter Wasser und dem Salz aufkochen und bei mittlerer Hitze in 15 bis 20 Minuten bissfest kochen.

Das faserige Innere mit den Samen muss vor der Zubereitung vom Kürbisfleisch entfernt werden.

2 Die Zwiebel abziehen und klein würfeln. Das Öl erhitzen und die Zwiebelwürfel darin anbraten.

3 Muffinform einfetten, kühl stellen. Backofen auf 200 °C (Umluft 180 °C, Gas Stufe 3–4) vorheizen.

4 Die Butter beziehungsweise die Margarine zerlassen und leicht abkühlen lassen.

5 In der Zwischenzeit das Ei schaumig schlagen. Das zerlassene Fett sowie die Milch unterrühren. 3/4 des Käses, die Kürbismasse und die Zwiebelwürfel unterrühren. Salzen und pfeffern.

6 Das Mehl und das Backpulver auf die Masse sieben und so unterrühren, dass der Teig feucht ist und Klumpen aufweist.

7 Die Vertiefungen der Muffinform zu 2/3 ihrer Höhe mit Teig füllen und gleichmäßig mit dem restlichen Käse bestreuen.

8 Die Muffins 20 Minuten backen. Die Form aus dem Backofen nehmen und die Muffins 5 Minuten in der Form abkühlen lassen.

Tipp der Bäckerin

Servieren Sie die Halloween-Muffins warm oder kalt. Wenn Sie sich die Mühe machen wollen, können Sie weiße Papierförmchen in den Farben orange und schwarz fantasievoll anmalen und die Halloween-Muffins nach dem Backen hineinsetzen.

Kartoffelteig

Schnittlauch-Muffins

250 g mehlig kochende Kartoffeln
1 Knoblauchzehe
2 EL Schnittlauchröllchen
1 Ei
100 g geriebener Käse
(Gouda oder Emmentaler)
1 EL saure Sahne
100 g Mehl
1/2 TL Backpulver
frisch geriebene Muskatnuss
Salz, schwarzer Pfeffer

45 Minuten
25 Minuten Backzeit

1 Kartoffeln in etwa 20 Minuten gar kochen. Pellen und noch warm durch eine Kartoffelpresse drücken.

2 Muffinform einfetten, kühl stellen. Backofen auf 200 °C (Umluft 180 °C, Gas Stufe 3–4) vorheizen.

3 Knoblauch abziehen, zerdrücken. Kartoffelmasse, Knoblauch, Schnittlauch, Ei, 50 Gramm Käse und Sahne mischen. Mehl und Backpulver darüber sieben. Würzen und verkneten.

4 12 Teigkugeln formen und in die Form setzen. Restlichen Käse darauf verteilen. Die Muffins 20 bis 25 Minuten backen und warm servieren.

Muffins aus Kartoffelteig lassen sich gut als Imbiss mitnehmen.

37

Mit Fisch

Aus dem Reich Neptuns überzeugen vor allem Thunfisch, Lachs und Garnelen als Zutaten für herzhafte Muffins mit Fisch und Meeresfrüchten. Ob als Bestandteil der Teige oder als feine, raffinierte Füllungen. Erfrischend gewürzt mit Zitronensaft oder elegant umschmeichelt mit Dill, dem klassischen Gewürzkraut für alles Fischige. Saure Sahne, Frischkäse oder Crème fraîche sorgen dabei für eine geschmeidige Konsistenz. Für alle Geniesser, die eine Alternative zu fleischhaltigen Gerichten suchen.

Garnelen-Kräuter-Muffins

Die Kombination von Blätterteig und Garnelen mit Zitronensaft und Dill ist legendär – und immer wieder gut.

1 Packung Tiefkühlblätterteig (6 Platten)

125 g Crème fraîche mit Kräutern

1 EL Mehl

2 Eier

1 TL Zitronensaft

100 g Garnelen (Shrimps)

100 g geriebener Käse (Gouda oder Emmentaler)

etwas fein gehackter Dill

frisch geriebene Muskatnuss

Salz, schwarzer Pfeffer

🕐 25 Minuten
35 Minuten Backzeit

1 Den Blätterteig auftauen. Den Backofen auf 200 °C (Umluft 180 °C, Gas Stufe 3–4) vorheizen.

2 Crème fraîche, Mehl, Eier, Zitronensaft, Garnelen und die Hälfte des Käses verrühren. Dill unterheben und die Masse pikant würzen.

Je nach Ware müssen die Schwänze der Garnelen noch entfernt werden, bevor diese zum Backen verwendet werden können.

3 Teigplatten halbieren. In jede Vertiefung der Muffinform ein Teigquadrat so einlegen, dass ein 1 Zentimeter hoher Rand überstehen bleibt. Füllung zufügen. Teigspitzen oben zusammenfalten. Restlichen Käse darüber verteilen.

4 Die Muffins 30 bis 35 Minuten backen. 5 Minuten in der Form abkühlen lassen. Warm servieren.

Thunfisch-Muffins

1 Packung Tiefkühlblätterteig (6 Platten)

1 Dose Thunfisch im Saft (150 g)

150 g saure Sahne

1 EL Mehl

2 Eier

Salz, schwarzer Pfeffer

🕐 20 Minuten
30 Minuten Backzeit

1 Den Blätterteig auftauen. Den Backofen auf 200 °C (Umluft 180 °C, Gas Stufe 3–4) vorheizen.

2 Thunfisch abtropfen lassen. Saure Sahne, Mehl und Eier verrühren. Salzen und pfeffern.

3 Teigplatten halbieren. In jede Vertiefung der Muffinform ein Teigquadrat so einlegen, dass ein 1 Zentimeter hoher Rand überstehen bleibt. Thunfisch darin verteilen und mit der Sahnemischung bedecken. Teigspitzen oben zusammenfalten.

4 Die Muffins 25 bis 30 Minuten backen. 5 Minuten in der Form abkühlen lassen. Warm servieren.

Tipp der Bäckerin

Bestreuen Sie die Thunfisch-Muffins vor dem Backen mit geriebenem Käse, z. B. Gouda oder Emmentaler.

Blätterteig

Spinat-Lachs-Muffins

1 Packung Tiefkühlblätterteig
(6 Platten)

100 g Blattspinat (tiefgekühlt)

100 g saure Sahne

1 EL Mehl

1 Ei

100 g geriebener Käse
(Gouda oder Emmentaler)

frisch geriebene Muskatnuss

Salz, schwarzer Pfeffer

100 g Räucherlachs

🕐 25 Minuten
35 Minuten Backzeit

1 Blätterteig und Blattspinat auftauen. Backofen auf 200 °C (Umluft
180 °C, Gas Stufe 3–4) vorheizen.

2 Die saure Sahne mit dem Mehl,
dem Ei und 50 Gramm Käse verrühren. Pikant würzen. Den Spinat ausdrücken. Den Lachs klein schneiden.

3 Die Teigplatten halbieren. Teig-
quadrate in die Form legen. Spinat
und Lachs einschichten. Mit der angerührten Sahne bedecken. Teigspitzen oben zusammenfalten. Restlichen Käse darüber verteilen.

4 Die Muffins 30 bis 35 Minuten
backen. Warm servieren.

*Spinat-Lachs-Muffins
eignen sich bestens für
ein Partybufett.*

Gorgonzola-Räucherlachs-Muffins

Muffins mit Lachs oder Garnelen erfreuen sich großer Beliebtheit. Mit wenigen Handgriffen kann man damit seinen Gästen etwas Besonderes vorsetzen.

1 Packung Tiefkühlblätterteig (6 Platten)
100 g Gorgonzola
150 g saure Sahne
1 EL Mehl
2 Eier
etwas Dill
Salz, schwarzer Pfeffer
150 g Räucherlachs

🕐 20 Minuten
25 Minuten Backzeit

1 Den Blätterteig auftauen. Den Backofen auf 200 °C (Umluft 180 °C, Gas Stufe 3–4) vorheizen.

2 Den Käse klein würfeln. Saure Sahne, Mehl und Eier verrühren und würzen. Den Käse unterheben. Den Lachs in Streifen schneiden.

In Skandinavien liebt man Räucherlachs als Belag für verschiedene Brotsorten. Warum dann nicht auch zu Muffins?

3 Die Teigplatten halbieren. In jede Vertiefung der Muffinform ein Teigquadrat so einlegen, dass ein 1 Zentimeter hoher Rand übersteht bleibt. Die Käsemischung hineingeben, den Lachs auflegen. Die Teigspitzen oben zusammenfalten.

4 Muffins 25 Minuten backen. 5 Minuten in der Form abkühlen lassen. Warm servieren.

Garnelen-Kräuterbutter-Muffins

100 g Magerquark
4 EL Öl
3 EL Milch
1 Ei
1 TL Salz
1/2 TL Zucker
200 g Mehl
1/2 TL Backpulver
150 g Garnelen
70 g Kräuterbutter in Rollenform
1 Eigelb
4 EL saure Sahne oder Crème fraîche
schwarzer Pfeffer

🕐 25 Minuten
25 Minuten Backzeit

1 Den Backofen auf 200 °C (Umluft 180 °C, Gas Stufe 3–4) vorheizen.

2 Quark mit Öl, Milch, Ei, Salz und Zucker glatt rühren. Mehl und Backpulver dazusieben. Alles zu einem Teig verkneten. In Folie wickeln und 15 Minuten kühl stellen.

3 Aus dem Teig 12 Kugeln formen und in die Muffinform setzen. Jeweils eine Mulde drücken. Garnelen einlegen. Kräuterbutter in 12 Scheiben schneiden und auflegen.

4 Eigelb, Sahne und Pfeffer verrühren. Über die Garnelen verteilen.

5 Die Muffins 20 bis 25 Minuten backen. 5 Minuten abkühlen lassen.

Knetteig

Lachs-Muffins

100 g Mehl
70 g zarte Haferflocken
3 EL geriebener Parmesan
100 g weiche Butter
2 Eier
Für die Füllung:
200 g frisches Lachsfilet, gegart
4 EL Zitronensaft
1 EL Olivenöl
1/4 Salatgurke
1 Frühlingszwiebel
1 EL frisch gehackter Dill
Salz, schwarzer Pfeffer
etwas Kräuterbutter

**50 Minuten
20 Minuten Backzeit**

1 Das Mehl in eine Schüssel sieben. Haferflocken, Käse, Butter und Eier zugeben und alles zu einem glatten, geschmeidigen Teig kneten. In Folie wickeln und 30 Minuten kalt stellen.

2 Muffinform einfetten, kühl stellen. Backofen auf 200 °C (Umluft 180 °C, Gas Stufe 3–4) vorheizen.

3 Aus dem Teig 12 Kugeln formen und in die Muffinform setzen. Jeweils in die Mitte eine Mulde drücken und dabei einen 1 Zentimeter Rand hochziehen. Die Form auf die mittlere Schiene in den Backofen stellen und die Teigstücke in etwa 20 Minuten backen. Die Form herausnehmen und die Lachs-Muffins abkühlen lassen.

4 Den Lachs in Streifen schneiden. Zitronensaft und Öl verquirlen und als Marinade über den Fisch gießen.

5 Gurke waschen und klein würfeln. Frühlingszwiebel waschen, putzen und in dünne Ringe schneiden.

6 Den Lachs aus der Marinade nehmen und mit den Gurken- und Frühlingszwiebelstücken mischen. Mit Dill, Salz und Pfeffer würzen.

7 Die Teigschalen aus der Form nehmen. Mit Kräuterbutter bestreichen, füllen und sofort servieren.

Tipp der Bäckerin

Die gebackenen Muffinschalen können Sie auch mit anderen Füllungen besetzen, etwa mit Garnelen.

Durch ihren Gehalt an Haferflocken sättigen die Lachs-Muffins recht gut, zumal Lachs von Natur aus viel Fett enthält.

Frischer Parmesan am Stück hat ein viel intensiveres und feineres Aroma als die Sorten, die man bereits gerieben im Tütchen kaufen kann.

Muffins aus Brandteig erinnern an die guten alten Windbeutel. Im Gegensatz zu diesen werden hier die Muffins herzhaft gefüllt.

Brandteig

Räucherlachs-Muffins

175 g Mehl
85 g Butter
1 Prise Salz
2 Eier
2 EL Mohn
Für die Füllung:
100 g Räucherlachs
250 g Frischkäse
1 EL Joghurt
3 EL Zitronensaft
Salz, schwarzer Pfeffer
etwas fein gehackter Dill oder
Schnittlauch nach Belieben

🕐 35 Minuten
25 Minuten Backzeit

Mit seinem feinen Aroma ist Dill das ideale Kraut, um Lachs zu begleiten.

1 Muffinform einfetten, kühl stellen. Backofen auf 200 °C (Umluft 180 °C, Gas Stufe 3–4) vorheizen.

2 Mehl sieben, griffbereit stellen. 150 Milliliter Wasser, Butter und Salz unter Rühren aufkochen lassen.

3 Das Mehl auf einmal in die kochende Flüssigkeit schütten, dabei ständig rühren. Bei mittlerer Hitze so lange rühren, bis sich die Masse als Kloß vom Topf löst und der Topfboden mit einer dünnen, weißen Teigschicht bedeckt ist.

4 Den Teig in eine Schüssel geben und etwas abkühlen lassen. Ein Ei unterrühren, bis es sich vollständig mit der Masse verbunden hat. Das zweite Ei unterrühren, bis der Teig weich vom Löffel fällt.

5 Die Vertiefungen der Muffinform zu 2/3 ihrer Höhe mit Teig füllen und mit Mohn bestreuen.

6 Die Muffins 20 bis 25 Minuten backen. 5 Minuten in der Form abkühlen lassen. Herausnehmen und erkalten lassen.

7 Den Lachs im Mixer fein pürieren. Frischkäse, Joghurt, Zitronensaft, Salz, Pfeffer und Dill zufügen und zu einer feinen Paste verarbeiten.

8 Die Muffins in der Mitte durchschneiden, mit der Lachsmasse füllen und wieder zusammensetzen.

Tipp der Bäckerin

Lassen Sie sich beim Zubereiten des Teiges etwas Zeit. Das erste Ei muss vollständig eingearbeitet sein, bevor das zweite folgt.

Tipp der Bäckerin

Um Muffins aus Brand-
teig mit zarten Cremes
zu füllen, benutzen Sie
am besten einen
Spritzbeutel mit großer
Sterntülle. Das ergibt
ein schönes Muster.

Brandteig

Frischkäse-Muffins

175 g Mehl
85 g Butter
1 Prise Salz
2 Eier
2 EL Mohn
Für die Füllung:
100 g schwarze, entsteinte Oliven
20 g Sardellenpaste
20 g Kapern
etwas Senf
2 EL Olivenöl
250 g Frischkäse
Salz, schwarzer Pfeffer
Paprikapulver
1 cl Sherry

🕐 45 Minuten
25 Minuten Backzeit

Muffins aus Brandteig
schmecken am Tag
der Herstellung am
besten, denn mit der
Zeit verlieren sie ihre
Knusprigkeit.

1 Muffinform einfetten, kühl stellen. Backofen auf 200 °C (Umluft
180 °C, Gas Stufe 3–4) vorheizen.

2 Das Mehl sieben und griffbereit
stellen. 150 Milliliter Wasser, Butter
und Salz aufkochen lassen.

3 Das Mehl auf einmal in die kochende Flüssigkeit schütten, dabei
ständig rühren. Bei mittlerer Hitze
so lange rühren, bis sich die Masse
als Kloß vom Topf löst und dessen
Boden mit einer dünnen, weißen
Teigschicht bedeckt ist. Den Teig in
eine Schüssel geben und etwas abkühlen lassen. Ein Ei vollständig unterrühren. Das zweite Ei unterrühren,
bis der Teig weich vom Löffel fällt.

4 Die Vertiefungen der Muffinform
zu 2/3 ihrer Höhe mit Teig füllen
und mit Mohn ausstreuen. Die Muffins 20 bis 25 Minuten backen.

5 Die Oliven zerkleinern. Oliven,
Sardellenpaste, Kapern und Senf
fein pürieren, dabei das Öl langsam
einlaufen lassen. Frischkäse mit Salz,
Pfeffer, Paprikapulver und Sherry
glatt rühren und einarbeiten.

6 Die Muffins erkalten lassen. Aufschneiden, mit der Frischkäsemasse
füllen und zusammensetzen. Die
Muffins sofort servieren.

Rührteig

Erbsen-Thunfisch-Muffins

50 g Erbsen (Dose)
2 Dosen Thunfisch im Saft (300 g)
1 Ei
100 ml neutrales Öl
200 g Buttermilch
100 g Vollkornmehl
100 g Mehl
2 TL Backpulver
Salz, schwarzer Pfeffer
2 EL Sesam

🕐 15 Minuten
20 Minuten Backzeit

1 Den Backofen auf 200 °C (Umluft
180 °C, Gas Stufe 3–4) vorheizen.

2 Erbsen und Thunfisch abtropfen
lassen. Den Thunfisch zerkleinern.

3 Das Ei schaumig schlagen. Das Öl und die Buttermilch nach und nach unterrühren. Beide Mehlsorten mit dem Backpulver vermischen und über die Masse sieben. So unterrühren, dass der Teig feucht ist und noch Klumpen aufweist. Erbsen und Thunfisch kurz unterheben.

4 Die Vertiefungen der Muffinform zu 2/3 ihrer Höhe mit Teig füllen und den Sesam darüber streuen.

5 Die Muffins 15 bis 20 Minuten backen. 5 Minuten in der Form abkühlen lassen.

Blätterteig
Spargel-Garnelen-Muffins

1 Packung Tiefkühlblätterteig
(6 Platten)

250 g Frischkäse

2 TL Zitronensaft

1 TL Paniermehl

2 TL gehackte Mandeln

1 kleine Knoblauchzehe

Salz, schwarzer Pfeffer

1 TL gehackter Dill

150 g gekochte Spargelstücke

100 g gekochte Garnelen

1 Eigelb

🕐 **20 Minuten**
20 Minuten Backzeit

1 Den Blätterteig auftauen. Den Backofen auf 200 °C (Umluft 180 °C, Gas Stufe 3–4) vorheizen.

2 Frischkäse, Zitronensaft, Paniermehl und Mandeln verrühren. Knoblauch abziehen und durch eine Presse dazudrücken. Mit Salz, Pfeffer und Dill würzen. Den Spargel klein schneiden und mit den Garnelen unter die Füllung ziehen.

3 Die Teigplatten halbieren. In jede Vertiefung der Muffinform ein Teigquadrat so einlegen, dass ein 1 Zentimeter hoher Rand überstehen bleibt. Füllung hineingeben. Die Teigspitzen oben zusammenfalten. Mit verquirltem Eigelb bestreichen.

4 Die Muffins 20 Minuten backen. 5 Minuten in der Form abkühlen lassen. Warm oder kalt servieren.

Für die Spargel-Garnelen-Muffins kann man während der Spargelsaison frischen Spargel verwenden. Dazu die Stangen waschen, vom Kopf nach unten schälen und in siedendem Wasser mit etwas Salz und Zucker in etwa 15 Minuten garen.

Ob weiß oder grün – Spargel eignet sich gut zum Backen.

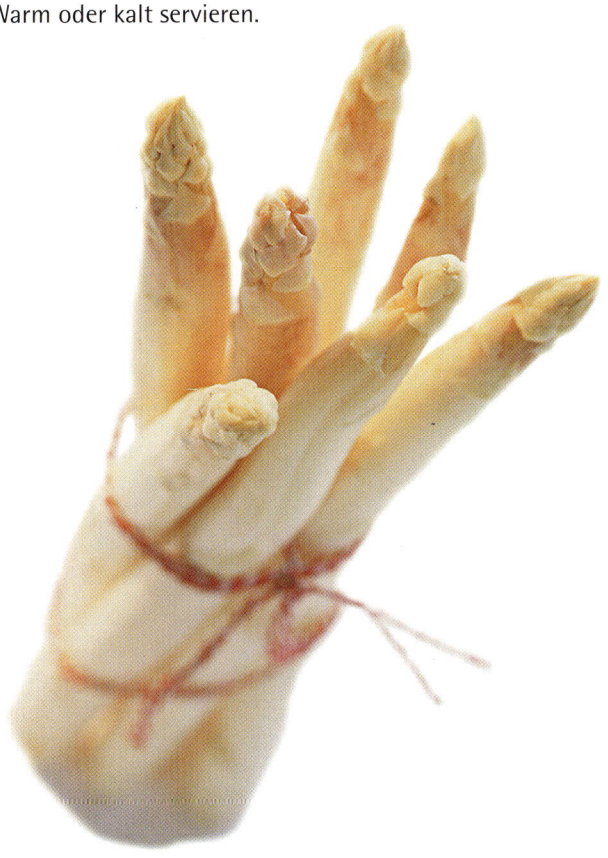

Mit Fleisch

Geschmacksintensiver Speck, Schinken oder Salami als Grundlage für Muffin-Kreationen mit Fleisch erfordern kaum Arbeit. Lediglich Hähnchenfleisch und Hackfleisch verlangen nach etwas Vorbereitung, die jedoch zeitlich kaum ins Gewicht fällt. Ob asiatisch mit Sojasauce, italienisch mit Pizzagewürz, bodenständig mit Sauerkraut oder scharf mit Chilischoten gewürzt – diese Muffins sind ideale Begleiter zu Bier und Wein.

Tipp der Bäckerin

Wenn es für die Speck-Zwiebel-Muffins schnell gehen soll, können Sie auch Röstzwiebeln verwenden.

Durchwachsener Speck gibt den Muffins viel Geschmack.

Blätterteig

Speck-Zwiebel-Muffins

1 Packung Tiefkühlblätterteig
(6 Platten)
1 kleine Zwiebel
etwas Butter
50 g durchwachsener Speck
150 g geriebener Käse
(Gouda oder Emmentaler)
125 g Crème fraîche
2 Eier
frisch geriebene Muskatnuss
Salz, schwarzer Pfeffer

🕐 25 Minuten
35 Minuten Backzeit

1 Den Blätterteig auftauen. Den Backofen auf 200 °C (Umluft 180 °C, Gas Stufe 3–4) vorheizen.

2 Die Zwiebel abziehen und klein würfeln. Butter erhitzen, die Zwiebel darin anschwitzen und etwas abkühlen lassen. Den Speck würfeln.

3 Die Hälfte des Käses, Crème fraîche und Eier verrühren. Würzen. Zwiebel und Speck unterheben.

4 Teigplatten halbieren. Jedes Teigquadrat so in die Form legen, dass ein 1 Zentimeter hoher Rand überstehen bleibt. Füllung zufügen. Teigspitzen oben zusammenfalten. Restlichen Käse darüber verteilen. Muffins 30 bis 35 Minuten backen.

Blätterteig

Hackfleisch-Muffins

1 Packung Tiefkühlblätterteig
(6 Platten)
1 kleine Zwiebel
1 EL Öl
100 g gemischtes Hackfleisch
100 g Schafskäse
150 g saure Sahne
1 EL Mehl
2 Eier
frisch geriebene Muskatnuss
Oregano
Paprikapulver
Salz, schwarzer Pfeffer

🕐 20 Minuten
35 Minuten Backzeit

1 Den Blätterteig auftauen. Den Backofen auf 200 °C (Umluft 180 °C, Gas Stufe 3–4) vorheizen.

2 Die Zwiebel abziehen und klein würfeln. Das Öl erhitzen und das Hackfleisch sowie die Zwiebelwürfel darin anbraten.

3 Den Schafskäse mit einer Gabel grob zerbröseln.

4 Saure Sahne, Mehl und Eier verrühren. Hackfleisch und Schafskäse unterheben. Pikant würzen.

5 Die Teigplatten halbieren und in die Muffinform legen. Füllung hineingeben. Teigspitzen oben zusammenfalten. Die Muffins 30 bis 35 Minuten backen. Warm servieren.

Blätterteig

Käse-Schinken-Ananas-Muffins

1 Packung Tiefkühlblätterteig
(6 Platten)
100 g geriebener Käse
(Gouda oder Emmentaler)
150 g saure Sahne
1 EL Mehl
2 Eier
2 Scheiben gekochter Schinken
150 g Ananas
Muskatnuss, Salz, schwarzer Pfeffer

🕐 20 Minuten
35 Minuten Backzeit

1 Den Blätterteig auftauen. Den Backofen auf 200 °C (Umluft 180 °C, Gas Stufe 3–4) vorheizen.

2 Die Hälfte des Käses mit saurer Sahne, Mehl und Eiern verrühren. Schinken und Ananas klein würfeln und unterheben. Pikant würzen.

3 Die Teigplatten halbieren und so in die Vertiefungen der Muffinform legen, dass jeweils ein 1 Zentimeter hoher Rand überstehen bleibt. Die Füllung hineingeben. Die Teigspitzen oben zusammenfalten. Restlichen Käse darüber verteilen. Die Muffins 30 bis 35 Minuten backen. Warm servieren.

Wie Toast Hawaii enthalten diese Muffins Schinken und Ananas.

Blätterteig

Frühlingsrollen-Muffins

Asiatisch gewürzte Muffins erfordern spezielle Gewürze, die es in Asienläden zu kaufen gibt.

1 Packung Tiefkühlblätterteig
(6 Platten)
4 getrocknete chinesische Morcheln
1 EL Öl
100 g Hackfleisch
2 EL dunkle Sojasauce
2 EL helle Sojasauce
1 Prise Fünf-Gewürz-Pulver
Salz, schwarzer Pfeffer
Zucker
2 Blätter Chinakohl
50 g Bambussprossen (aus der Dose)
100 g Möhren
50 g Bohnenkeime
1 kleine Frühlingszwiebel
100 g saure Sahne
1 Ei

Dunkle Sojasauce schmeckt pikant-würzig, helle Sojasauce dagegen leicht süßlich.

🕐 45 Minuten
30 Minuten Backzeit

1 Den Blätterteig auftauen. Die Morcheln etwa 10 Minuten in lauwarmem Wasser einweichen.

2 Öl erhitzen und das Hackfleisch kurz darin anbraten. Mit beiden Sojasaucen, Fünf-Gewürz-Pulver, Salz, Pfeffer und Zucker würzen.

3 Inzwischen den Chinakohl waschen und klein schneiden. Die Bambussprossen abtropfen lassen, Möhren schälen und beides dünn stifteln. Die Bohnenkeime waschen. Die Morcheln klein schneiden. Die Frühlingszwiebel waschen, putzen und in dünne Ringe schneiden.

4 Den Backofen auf 200 °C (Umluft 180 °C, Gas Stufe 3–4) vorheizen. Das Gemüse zum Fleisch geben und bissfest dünsten. Saure Sahne und Ei verrühren und unterheben.

5 Die Teigplatten halbieren. In jede Vertiefung der Muffinform ein Teigquadrat so einlegen, dass ein 1 Zentimeter hoher Rand übersteht. Je 1 Esslöffel Füllung hineingeben. Die Teigspitzen oben zusammenfalten.

6 Die Muffins 25 bis 30 Minuten backen. 5 Minuten in der Form abkühlen lassen und noch warm servieren.

Tipp der Bäckerin

Diese Frühlingsrollen-Muffins können Sie auch mit anderen Zutaten bereichern. Mischen Sie beispielsweise geschälte Garnelen, frisch oder tiefgekühlt, mit unter die Füllung.

Quark-Öl-Teig

Gorgonzola-Speck-Muffins

100 g Magerquark
4 EL Öl
3 EL Milch
1 Ei
1 TL Salz
1/2 TL Zucker
200 g Mehl
1/2 TL Backpulver
Für die Füllung:
70 g Gorgonzola
70 g Schinkenspeck
1 Eigelb
4 EL saure Sahne
schwarzer Pfeffer

🕐 **30 Minuten**
20 Minuten Backzeit

1 Den Backofen auf 200 °C (Umluft 180 °C, Gas Stufe 3–4) vorheizen.

2 In einer Schüssel den Quark mit Öl, Milch, Ei, Salz und Zucker glatt rühren. Das Mehl mit dem Backpulver vermischen und über die Quarkmasse sieben. Alles zu einem glatten, geschmeidigen Teig verkneten.

3 Den Teig in Klarsichtfolie wickeln und für 15 Minuten zum Ruhen in den Kühlschrank legen.

4 In der Zwischenzeit für die Füllung den Käse und den Schinkenspeck klein würfeln.

5 Das Eigelb mit der sauren Sahne verrühren und mit Pfeffer würzen.

Die Käse- und Schinkenstücke unter das angerührte Eigelb mischen.

6 Aus dem Teig 12 Kugeln formen und in die Vertiefungen der Muffinform setzen. Jeweils in die Mitte eine Mulde drücken und dabei einen 1 Zentimeter hohen Rand formen. Je 1 Esslöffel Füllung hineinsetzen.

7 Die Form in den Backofen stellen und die Muffins 20 Minuten backen. 5 Minuten in der Form abkühlen lassen und erst dann aus der Form nehmen. Die Muffins warm oder kalt servieren.

Tipp der Bäckerin

Sie können sich bei der Zubereitung von Muffins aus Quark-Öl-Teig etwas Zeit lassen, da der Teig erst in kalter Umgebung seine feste, gut verarbeitbare Textur erhält.

Mit seiner cremigen Konsistenz eignet sich Gorgonzola gut für Füllungen. Bei diesen Muffins wird der Käse mit würzigem Schinkenspeck kombiniert.

Schinkenspeck entfaltet sein volles Aroma am besten, wenn er in hauchdünne Scheiben geschnitten wird.

Blätterteig

Hähnchenbrust-Muffins

Tipp der Bäckerin

Wie zu allen herzhaften Muffins können Sie auch hier als Beigabe einen knackigen Salat reichen.

1 Packung Tiefkühlblätterteig (6 Platten)
200 g Hähnchenbrustfilet
1 kleine Zwiebel
1 Knoblauchzehe
2 EL Öl
Salz, schwarzer Pfeffer
Currypulver
1/2 rote Paprikaschote
1 kleine Stange Bleichsellerie
1 kleine Stange Porree
125 g Ricotta (Molkenkäse)
4 EL saure Sahne
etwas Zitronensaft
2 EL frisch gehackte Kräuter (Dill, Petersilie, Schnittlauch)
Außerdem:
1 Eigelb
1 EL Milch
2 EL Sesam

🕐 35 Minuten
25 Minuten Backzeit

1 Den Blätterteig auftauen. Den Backofen auf 200 °C (Umluft 180 °C, Gas Stufe 3–4) vorheizen.

Currypulver erhält seine gelbe Farbe durch das Gewürz Kurkuma, das auch den Namen »Gelbwurz« trägt.

2 Das Fleisch unter fließendem kalten Wasser waschen, trockentupfen und in kleine Stücke schneiden. Zwiebel und Knoblauch abziehen und

fein würfeln. Öl erhitzen und das Fleisch darin anbraten. Zwiebel- und Knoblauchwürfel zufügen. Mit Salz, Pfeffer und Currypulver würzen.

3 Das Gemüse waschen und putzen. Paprikaschote in Würfel, Sellerie und Porree in feine Ringe schneiden. Ricotta und saure Sahne verrühren, mit Zitronensaft, Salz, Pfeffer und Kräutern pikant würzen. Käsemasse und Gemüse vermischen.

4 Die Teigplatten halbieren. In jede Vertiefung der Muffinform ein Teigquadrat so einlegen, dass ein 1 Zentimeter hoher Rand überstehen bleibt. Je 1 Esslöffel Gemüsefüllung hineingeben und etwas Fleisch darauf legen. Die Teigspitzen oben zusammenfalten. Ei und Milch verquirlen und darüber streichen. Mit Sesam bestreuen.

5 Die Muffins 20 bis 25 Minuten backen. 5 Minuten in der Form abkühlen lassen. Herausnehmen und warm servieren.

Diese Muffins brauchen etwas mehr Zeit als andere Zubereitungen. Das geschmackliche Ergebnis lässt jedoch die Mühe vergessen.

Knetteig

Kräuter-Kabanossi-Muffins

300 g Mehl
2 EL gehackte Kräuter
(Schnittlauch, Dill, Petersilie)
100 g Butter oder Margarine
1/2 TL Salz
1/2 TL Essig
Für die Füllung:
120 g Kabanossi (Salami)
10 große Basilikumblätter
120 g Frischkäse
Außerdem:
1 Ei
etwas geriebener Parmesan

🕐 **45 Minuten**
35 Minuten Backzeit

1 Das Mehl sieben und mit 100 Milliliter Wasser, Kräutern, Butter, Salz und Essig zu einem glatten, geschmeidigen Teig kneten. 30 Minuten kalt stellen.

2 Die Muffinform einfetten und für kurze Zeit in den Kühlschrank stellen. Backofen auf 200 °C (Umluft 180 °C, Gas Stufe 3–4) vorheizen.

3 Für die Füllung die Kabanossi klein würfeln. Basilikumblätter waschen, trockentupfen und klein schneiden.

4 Frischkäse, Kabanossi und Basilikum miteinander vermischen.

5 Aus dem Teig 12 Kugeln formen und jeweils eine Mulde eindrücken. Jeweils etwas von der Füllung hineingeben, den Teig ringsherum zusammenziehen und erneut rund formen. Die Kugeln in die Muffinform setzen. Das Ei verquirlen und die Muffins damit bestreichen. Mit Parmesan bestreuen.

6 Die Muffins in 30 bis 35 Minuten goldbraun backen. 5 Minuten in der Form abkühlen lassen. Lauwarm oder kalt servieren.

Frische Kräuter können für die Muffins je nach Gusto beliebig miteinander kombiniert werden.

Blätterteig

Spargel-Schinken-Muffins

1 Packung Tiefkühlblätterteig
(6 Platten)
100 g frischer Spargel
Salz, 1 TL Zucker
50 g geriebener Gouda/Emmentaler
150 g saure Sahne
1 EL Mehl
2 Eier
frisch geriebene Muskatnuss
Salz, schwarzer Pfeffer
1 Scheibe gekochter Schinken

35 Minuten
25 Minuten Backzeit

1 Blätterteig auftauen. Den Spargel schälen. Wasser mit 1 Teelöffel Salz und dem Zucker aufkochen. Spargel darin etwa 15 Minuten garen.

2 Den Backofen auf 200 °C (Umluft 180 °C, Gas Stufe 3–4) vorheizen.

3 Käse, Sahne, Mehl und Eier mischen. Mit Muskatnuss, Salz und Pfeffer würzen. Schinken und Spargel klein schneiden, unterheben.

4 Teigplatten halbieren und in die Form geben. Rand formen, Füllung hineingeben. Teigspitzen oben zusammenfalten. Muffins 20 bis 25 Minuten backen. Warm servieren.

Während der Spargelsaison bereichern diese Muffins die Speisekarte.

57

Blätterteig

Sauerkraut-Hähnchenbrust-Muffins

Statt Hähnchenbrust kann auch Putenbrust für diese Muffins verwendet werden.

1 Packung Tiefkühlblätterteig (6 Platten)
200 g Hähnchenbrust
1 kleine Zwiebel
1 EL Butter
100 ml Traubensaft
2 EL Zitronensaft
frisch geriebene Muskatnuss
Salz, schwarzer Pfeffer
150 g Sauerkraut
4 EL Sahne
1 EL Mehl
Außerdem:
1 Eigelb
1 EL Milch

Sauerkraut ist milchsauer vergorenes Weißkraut, das dank seiner Säure lange haltbar ist.

🕐 **30 Minuten**
25 Minuten Backzeit

1 Den Blätterteig auftauen. Den Backofen auf 200 °C (Umluft 180 °C, Gas Stufe 3–4) vorheizen.

2 Das Hähnchenfleisch unter fließendem kalten Wasser waschen, trockentupfen und in Würfel schneiden. Die Zwiebel abziehen und fein würfeln. Die Butter in einer Pfanne erhitzen und Zwiebel und Hähnchenbrust darin kurz anbraten. Trauben- und Zitronensaft einrühren und alles bei mittlerer Hitze 10 Minuten dünsten. Mit Muskatnuss, Salz und Pfeffer würzen.

3 Das Sauerkraut mit einer Gabel etwas auflockern und mit der Sahne und dem Mehl unter die Hähnchenfleischmischung heben.

4 Die Teigplatten halbieren. In jede Vertiefung der Muffinform ein Teigquadrat so einlegen, dass ein 1 Zentimeter hoher Rand übersteht bleibt. Je 1 Esslöffel Füllung hineingeben. Die Teigspitzen oben zusammenfalten. Das Eigelb mit der Milch verquirlen und die Muffins damit bestreichen.

5 Die Muffins 25 Minuten backen. Ein paar Minuten in der Form abkühlen lassen. Warm servieren.

Tipp der Bäckerin

Legen Sie die einzelnen Platten des Blätterteigs zum Auftauen nebeneinander. So tauen sie schneller auf.

Blätterteig

Speck-Sauerkraut-Muffins

1 Packung Tiefkühlblätterteig
(6 Platten)
50 g Speckwürfel
150 g Sauerkraut
1 Mettwürstchen
1 Scheibe Ananas
1 Ei
100 g geriebener Käse
(Gouda oder Emmentaler)
100 g Crème fraîche
Salz, schwarzer Pfeffer

🕐 25 Minuten
25 Minuten Backzeit

1 Den Blätterteig auftauen. Den Backofen auf 200 °C (Umluft 180 °C, Gas Stufe 3–4) vorheizen.

2 Speck in einer Pfanne auslassen und Sauerkraut darin andünsten. Abkühlen lassen. Würstchen in Scheiben, Ananas in Stücke schneiden. Mit Ei, 50 Gramm Käse und Crème fraîche verrühren. Würzen. Unter das Sauerkraut mischen.

3 Die Teigplatten halbieren und in die Form legen. Die Füllung hineingeben. Die Teigspitzen oben zusammenfalten. Den restlichen Käse darüber streuen. Die Muffins 20 bis 25 Minuten backen.

Speck, Sauerkraut, Mettwürstchen und Ananas sind in diesen Muffins enthalten.

Blätterteig

Pizza-Muffins

1 Packung Tiefkühlblätterteig
(6 Platten)
50 g Zwiebel, 1 EL Olivenöl
50 g Salami oder Schinken
50 g Champignons
50 g Paprikaschote
100 g saure Sahne
1 EL Tomatenmark
2 Eier, 1 EL Mehl
etwas Pizzagewürz
50 g geriebener Käse
(Gouda oder Emmentaler)
Salz, schwarzer Pfeffer

Das Schöne an Muffins ist, dass sie sich beliebig würzen lassen. Für Pizzafans etwa mit Oregano und Tomatenmark, für Kartoffelfreaks mit Muskatnuss und Knoblauch.

🕐 25 Minuten
25 Minuten Backzeit

1 Den Blätterteig auftauen. Den Backofen auf 200 °C (Umluft 180 °C, Gas Stufe 3–4) vorheizen.

2 Zwiebel abziehen und klein würfeln. Öl erhitzen und die Zwiebel darin anschwitzen. Wurst klein schneiden. Pilze putzen und klein würfeln. Paprikaschote klein schneiden. Saure Sahne, Tomatenmark, Eier, Mehl und Pizzagewürz verrühren. Zwiebel, Wurst, Champignons, Paprika und Käse unterrühren. Mit Salz und Pfeffer würzen.

Frische Champignons schmecken besonders gut in den Pizza-Muffins und brauchen in der Regel nicht gewaschen zu werden. Meist reicht es aus, sie mit einem Küchenpapier abzureiben.

3 Teigplatten halbieren und in die Muffinform legen. Füllung hineingeben. Teigspitzen oben zusammenfalten. Die Muffins 20 bis 25 Minuten backen.

Kartoffelteig

Kartoffel-Porree-Muffins

400 g mehlig kochende Kartoffeln
1 kleine Stange Porree
1 EL Öl
1 Knoblauchzehe
100 g durchwachsener Speck
1 Ei
100 g Mehl
100 g geriebener Käse (Gouda)
frisch geriebene Muskatnuss
Salz, schwarzer Pfeffer

🕐 40 Minuten
25 Minuten Backzeit

1 Kartoffeln in etwa 20 Minuten gar kochen und pellen. Noch heiß durch eine Kartoffelpresse drücken.

2 Muffinform einfetten, kühl stellen. Backofen auf 200 °C (Umluft 180 °C, Gas Stufe 3–4) vorheizen.

3 Den Porree waschen, putzen und in Ringe schneiden. Das Öl erhitzen und den Porree darin anschwitzen. Den Knoblauch abziehen und klein hacken. Den Speck klein würfeln.

4 Porree, Knoblauch, Speck, Ei, Mehl und 50 Gramm Käse zu der Kartoffelmasse geben. Würzen. Alles zu einem geschmeidigen Teig kneten.

5 Aus dem Teig 12 Kugeln formen und in die Muffinform geben. Den restlichen Käse darüber streuen. Die Muffins 20 bis 25 Minuten backen. Warm servieren.

Hefeteig

Hackfleisch-Käse-Muffins

Tipp der Bäckerin

Verwenden Sie nur lauwarme Milch, um die Hefe anzurühren. Ist die Milch zu heiß, gehen die Hefekulturen ein. Die Folge ist ein harter Teig, der nicht aufgehen kann.

3 EL lauwarme Milch
1/4 Würfel frische Hefe oder
1/2 Päckchen Trockenhefe
150 g Mehl
1 TL Salz
1 Ei
2 EL kaltgepresstes Olivenöl

Für die Füllung:
1 kleine Zwiebel
2 EL neutrales Öl
100 g gemischtes Hackfleisch
Salz, schwarzer Pfeffer
50 g Champignons
1 kleine feste Tomate
100 g geriebener Käse
(Gouda oder Emmentaler)
etwas Oregano

🕐 40 Minuten
25 Minuten Backzeit

1 Die Milch mit 3 Esslöffel lauwarmem Wasser verdünnen und die Hefe darin auflösen. Das Mehl darüber sieben. Salz, Ei und Öl zufügen. Alles zu einem glatten Teig ver-

Der Teig wird sehr locker, wenn man das Mehl zuvor siebt. Praktisch sind Mehlsiebe, die es im Handel zu kaufen gibt.

kneten. Zugedeckt 20 Minuten an einem warmen Ort gehen lassen.

2 Zwiebel abziehen und klein würfeln. Das Öl erhitzen und Zwiebel und Hackfleisch darin anbraten. Salzen und pfeffern. Abkühlen lassen.

3 Den Backofen auf 200 °C (Umluft 180 °C, Gas Stufe 3–4) vorheizen.

4 Die Champignons putzen und klein schneiden. Tomate waschen, halbieren, die Samen mit ihrem wässrigen Mantel auslöffeln und das Fruchtfleisch würfeln. Pilze, Tomate und die Hälfte des Käses unter das Hackfleisch mengen.

5 Aus dem Teig 12 Kugeln formen und in die Muffinform setzen. In die Mitte jeweils eine Mulde drücken und einen 2 Zentimeter Rand hochziehen. Die Füllung hineingeben. Den restlichen Käse und Oregano darüber streuen.

6 Die Muffins 20 bis 25 Minuten backen. 5 Minuten in der Form abkühlen lassen. Warm servieren.

Blumenkohl-Schinken-Muffins

1 Packung Tiefkühlblätterteig
(6 Platten)

100 g Blumenkohl

1 Scheibe gekochter Schinken

100 g saure Sahne

100 g geriebener Käse
(Gouda oder Emmentaler)

2 Eier

1 EL Mehl

Muskatnuss, Salz, schwarzer Pfeffer

🕐 **25 Minuten**
25 Minuten Backzeit

1 Den Blätterteig auftauen. Den Backofen auf 200 °C (Umluft 180 °C, Gas Stufe 3–4) vorheizen.

2 Den Blumenkohl waschen, putzen und zerkleinern. Den Schinken würfeln. Saure Sahne, die Hälfte des Käses, Eier und Mehl verrühren. Pikant würzen. Blumenkohl und Schinken unterheben.

3 Die Teigplatten halbieren und in die Muffinform legen. Die Füllung hineingeben. Die Teigspitzen oben zusammenfalten. Restlichen Käse darüber verteilen. Die Muffins 20 bis 25 Minuten backen und am besten warm servieren.

Die mit Blumenkohl und Schinken gefüllten Muffins überzeugen durch ihren feinen Geschmack.

Hefeteig

Burger-Muffins

Die frisch gebackenen Muffins kann man auch aufschneiden und mit je einer Scheibe Käse und Tomate belegen.

1/2 Würfel frische Hefe (21 g) oder
1 Päckchen Trockenhefe
300 g Mehl
5 EL Olivenöl
Salz
1 kleine Zwiebel
2 EL Öl
100 g gemischtes Hackfleisch
schwarzer Pfeffer
1/2 Tomate
1 Essiggurke
6 Scheiben Toast-Schmelzkäse
etwas Remoulade
2 EL Sesam

🕐 90 Minuten
30 Minuten Backzeit

Essiggurken sind das geschmackliche A und O bei Hamburgern und den Hamburger-Muffins.

1 Hefe in 200 Milliliter lauwarmem Wasser auflösen. Das Mehl darüber sieben. 4 Esslöffel Öl und 1/2 Teelöffel Salz zufügen und alles mit den Knethaken der Küchenmaschine glatt verkneten. Den Teig mit einem Tuch abdecken und an einem warmen Ort 40 Minuten gehen lassen, bis er etwa das Doppelte seines Volumens erreicht hat.

2 Die Zwiebel abziehen und klein würfeln. Das Öl erhitzen und Zwiebel und Hackfleisch darin anbraten. Salzen und pfeffern. Von der Tomate die Samen mit ihrem wässrigen Mantel entfernen und das Fruchtfleisch würfeln. Die Essiggurke würfeln. Tomate und Essiggurke unter das Hackfleisch mischen.

3 Den Teig kurz durchkneten, dabei die Hackfleischmischung mit einarbeiten. Erneut abdecken und weitere 30 Minuten gehen lassen.

4 Muffinform einfetten, kühl stellen. Backofen auf 200 °C (Umluft 180 °C, Gas Stufe 3–4) vorheizen.

5 Aus dem Teig 12 Kugeln formen und in die Muffinform setzen. Die Muffins 25 bis 30 Minuten backen.

6 Käse in Streifen schneiden. Die Form aus dem Backofen nehmen. Die Muffins mit etwas Remoulade bestreichen, mit Käse belegen und mit Sesam bestreuen. Nochmals 5 Minuten backen, bis der Käse verlaufen ist.

7 Die Muffins 5 Minuten in der Form abkühlen lassen und am besten warm servieren.

Blätterteig

Porree-Sahne-Muffins

1 Packung Tiefkühlblätterteig
(6 Platten)
50 g Salami
50 g Schinken
50 g Porree
100 g saure Sahne
1 Ei
Salz, schwarzer Pfeffer
Paprikapulver
50 g geriebener Käse
(Gouda oder Emmentaler)

30 Minuten
25 Minuten Backzeit

1 Den Blätterteig auftauen. Den Backofen auf 200 °C (Umluft 180 °C, Gas Stufe 3–4) vorheizen.

2 Die Salami und den Schinken klein würfeln. Den Porree waschen, putzen und in feine Ringe schneiden.

3 Sahne mit dem Ei verrühren und mit Salz, Pfeffer und Paprikapulver pikant würzen. Salami, Schinken, Porree und Käse unterrühren.

4 Die Teigplatten halbieren und so in die Muffinform legen, dass ein 1 Zentimeter hoher Rand überstehen bleibt. Je 1 Esslöffel Füllung hineingeben. Die Teigspitzen oben zusammenfalten.

5 Die Muffins 20 bis 25 Minuten backen. 5 Minuten in der Form abkühlen lassen. Warm servieren.

Brotteig

Vogelsberger-Muffins

250 g mehlig kochende Kartoffeln
1 Zwiebel
150 g Magerquark
100 ml Milch
60 ml Öl
1 Ei
etwas Kümmel
Salz
500 g Brotteig vom Bäcker
100 g gewürfelter Speck

55 Minuten
30 Minuten Backzeit

1 Die Kartoffeln in 20 Minuten gar kochen, pellen und noch heiß durch eine Kartoffelpresse drücken.

2 Die Zwiebel abziehen und in kleine Würfel schneiden.

3 Zwiebelwürfel, Quark, Milch, Öl, Ei, Kümmel und Salz unter die Kartoffelmasse kneten.

4 Den Backofen auf 200° (Umluft 180 °C, Gas Stufe 3–4) vorheizen.

5 Aus dem gekauften Brotteig 12 Kugeln formen und in die Muffinform setzen. Je eine Mulde eindrücken und einen 2 Zentimeter Rand hochziehen. Die Füllung in die Mulden verteilen. Mit Öl bestreichen und mit Speck bestreuen.

6 Die Muffins 25 bis 30 Minuten backen. Warm servieren.

Der Vogelsberg ist ein seit mehreren Millionen Jahren erloschener Vulkan in Hessen. Dieses Gebäck gibt es am Vogelsberg unter dem Namen »Salzekuchen«.

Vollwert-Muffins

Auf angenehme Weise sättigend wirken alle Muffins, die mit Vollkornmehlen gebacken werden. Sie sind kernig im Geschmack und werden auch aufgrund der Zubereitung mit Samen, Körnern und Nüssen, allen anspruchsvollen Gaumen gerecht. Ob durch Verwendung von Roggen-, Dinkel- oder Maismehl beziehungsweise von Hefe oder Natur-Sauerteig – allein schon die Teige versprechen kulinarische Genüsse. Dazu kommen noch die feinen geschmacklichen Kontrapunkte aus gut gewürztem Gemüse, Fisch oder Fleisch und natürlich Käse.

Muffins aus Brotteig sättigen gut und eignen sich auf ideale Weise, um auf Wanderungen und zum Picknick mitgenommen zu werden.

Peperoniwurst gibt es in verschiedenen Feinheitsgraden.

Brotteig

Peperoniwurst-Muffins

1 Würfel frische Hefe (42 g) oder
2 Päckchen Trockenhefe
3 EL Mehl
1 TL Zucker
250 g Weizen- oder Dinkelmehl
200 g Roggenmehl
2 TL Salz
150 g Natur-Sauerteig
200 g Peperoniwurst (Salami)
50 g Parmesan

🕐 70 Minuten bei Selbstherstellung des Teiges
35 Minuten Backzeit

1 Die Hefe in 100 Milliliter lauwarmem Wasser auflösen und mit den 3 Esslöffel Mehl und dem Zucker zu einem dicklichen Brei verrühren. Den Vorteig zugedeckt an einem warmen Ort etwa 10 Minuten gehen lassen, bis die Hefe Blasen wirft.

2 Weizen- oder Dinkelmehl, Roggenmehl und Salz vermischen. Den Hefeansatz, 300 Milliliter Wasser und den Sauerteig zugeben. Alles mit den Knethaken der Küchenmaschine zu einem geschmeidigen Teig kneten. Den Teig

zugedeckt an einem warmen Ort 15 Minuten gehen lassen.

3 Die Muffinform einfetten und für kurze Zeit in den Kühlschrank stellen. Backofen auf 200 °C (Umluft 180 °C, Gas Stufe 3–4) vorheizen.

4 Die Peperoniwurst würfeln. Den Teig durchkneten und dabei die Wurst mit einarbeiten.

5 Aus dem Teig 12 Kugeln formen und in die Vertiefungen der Muffinform setzen. Erneut zugedeckt 5 Minuten gehen lassen.

6 Die Teigkugeln mit lauwarmem Wasser bestreichen und mit dem Käse bestreuen.

7 Die Muffins 30 bis 35 Minuten backen. Eine Tasse Wasser zur Verdunstung mit in den Backofen stellen. Die Muffins 5 Minuten in der Form abkühlen lassen. Warm oder kalt servieren.

Tipp der Bäckerin

Natur-Sauerteig wird als flüssiger, haltbarer Teig in praktischen Portionspackungen angeboten. Sie können Brotteig aber auch auf Vorbestellung beim Bäcker kaufen.

Rührteig

Chili-Mais-Muffins

1 kleine rote Chilischote
1/2 grüne Paprikaschote
125 g Maiskörner (Dose)
100 g Mehl
100 g Maismehl
1 EL Vollkornmehl
2 TL Backpulver
2 Eier
100 ml Sonnenblumenöl
300 ml Buttermilch
100 g geriebener Käse
(Gouda oder Emmentaler)
Salz, schwarzer Pfeffer
Chilipulver

🕐 **20 Minuten**
20 Minuten Backzeit

1 Muffinform einfetten, kühl stellen. Backofen auf 200 °C (Umluft 180 °C, Gas Stufe 3–4) vorheizen.

2 Die Chili- und Paprikaschote entkernen und klein würfeln. Den Mais abtropfen lassen. Alle Mehlsorten mit dem Backpulver vermischen.

3 Die Eier mit dem Öl und der Buttermilch verrühren. Mehl, die Hälfte des Käses und das Gemüse unterheben, sodass der Teig feucht ist und noch Klumpen aufweist. Würzen.

4 Die Vertiefungen der Muffinform zu 2/3 ihrer Höhe mit Teig füllen. Den restlichen Käse aufstreuen. Die Muffins etwa 20 Minuten backen. Warm servieren.

Brotteig

Zwiebel-Speck-Muffins

1/2 Würfel frische Hefe (21 g) oder
1 Päckchen Trockenhefe
3 EL Mehl, 1 TL Zucker
100 g durchwachsener Speck
150 g Weizen- oder Dinkelmehl
1 TL Salz
150 g Roggenmehl
100 g Röstzwiebeln
150 g Natur-Sauerteig

🕐 **60 Minuten**
30 Minuten Backzeit

1 Hefe in 100 Milliliter lauwarmem Wasser auflösen. Mit 3 Esslöffel Mehl und Zucker zu einem Brei verrühren. 10 Minuten gehen lassen.

2 Speck würfeln. Weizenmehl, Salz und Roggenmehl vermischen. Hefeansatz, 50 Milliliter lauwarmes Wasser, Röstzwiebeln, Sauerteig und Speck zugeben. Alles zu Teig kneten. 20 Minuten gehen lassen.

3 Die Muffinform einfetten, kühl stellen. Den Backofen auf 200 °C (Umluft 180 °C, Gas Stufe 3–4) vorheizen.

4 Teig kneten, 12 Kugeln formen und in die Form setzen. 5 Minuten gehen lassen. Die Muffins mit lauwarmem Wasser bestreichen und 25 bis 30 Minuten backen.

Bei Brotteig sollte immer eine Tasse Wasser zur Verdampfung mit in den Backofen gestellt werden, damit der Teig nicht austrocknet.

Mais aus der Dose ist einfach in der Handhabung, da er keinerlei Bearbeitung bedarf.

Quark-Öl-Teig

Vollwert-Schafskäse-Zwiebel-Muffins

Zu diesen Muffins mit Schafskäse schmeckt ein griechischer Bauernsalat besonders gut.

1 kleine Zwiebel
2 EL Öl
150 g Schafskäse
100 g schwarze, entsteinte Oliven
150 g Magerquark
6 EL kaltgepresstes Olivenöl
3 EL Milch
1 Ei
1 TL Salz
1/2 TL Rohrohrzucker
250 g Dinkelmehl
1 Päckchen Weinstein-Backpulver

Außerdem:
1 Eigelb
2 EL Naturjoghurt
2 EL Sesam

🕐 **40 Minuten**
25 Minuten Backzeit

1 Die Zwiebel abziehen und fein würfeln. Das Öl erhitzen und die Zwiebelwürfel darin kurz anbraten.

2 Den Schafskäse zerbröckeln. Die Oliven klein schneiden.

3 Quark mit Öl, Milch, Ei, Salz und Zucker glatt rühren. Mehl und Backpulver darüber sieben. Zwiebel, Käse und Oliven zufügen und alles zu einem glatten Teig verkneten. Zugedeckt im Kühlschrank 15 Minuten ruhen lassen.

4 Die Muffinform einfetten und in den Kühlschrank stellen. Den Backofen auf 200 °C (Umluft 180 °C, Gas Stufe 3–4) vorheizen.

5 Aus dem Teig 12 Kugeln formen und in die Vertiefungen der Muffinform setzen. Das Eigelb mit dem Joghurt verquirlen und die Muffins damit bestreichen. Den Sesam auf die Teigkugeln streuen.

6 Die Form in den Backofen stellen und die Muffins 20 bis 25 Minuten backen. Die fertigen Muffins 5 Minuten in der Form abkühlen lassen. Warm oder kalt servieren.

Schafskäse wird meist in Blockform angeboten, weshalb er vor der Zubereitung zerkleinert werden sollte.

Als Beilage zu Vollwert-Muffins passen Roh-kostsalate aller Art.

Knetteig

Vollwert-Käse-Kräuter-Muffins

300 g Dinkelmehl
1 TL Weinstein-Backpulver
1 Messerspitze Meersalz
schwarzer Pfeffer
1/2 TL getrockneter Thymian
1/2 TL getrockneter Rosmarin
1/2 TL gehackte Petersilie
etwas frisch gehacktes Basilikum
100 g geriebener Parmesan
2 Eier
70 g Butter in Flöckchen
Außerdem:
1 Eigelb
2 EL Milch

🕐 35 Minuten
25 Minuten Backzeit

1 Mehl und Backpulver miteinander sieben. Salz, Pfeffer, Kräuter und die Hälfte des Käses untermischen. In die Mitte eine Mulde drücken, die Eier und die Butter hineingeben und alle Zutaten zu einem glatten Teig verkneten. In Folie wickeln. Den Teig 10 Minuten kühl ruhen lassen.

2 Muffinform einfetten, kühl stellen. Backofen auf 200 °C (Umluft 180 °C, Gas Stufe 3–4) vorheizen.

3 Aus dem Teig 12 Kugeln formen und in die Form setzen. Eigelb und Milch verquirlen und die Muffins damit bestreichen. Restlichen Käse darüber streuen. Die Muffins 25 Minuten backen.

Quark-Öl-Teig

Vollwert-Porree-Speck-Muffins

100 g Magerquark
2 EL Naturjoghurt
2 EL Olivenöl
2 EL Milch
1 Ei
1 TL Salz
1/2 TL Rohrohrzucker oder Honig
150 g Dinkelmehl
1 TL Weinstein-Backpulver
Für die Füllung:
1 kleine Stange Porree
15 g Butter
100 g Gorgonzola
100 g Schinkenspeck
100 g saure Sahne
1 Ei
Salz, schwarzer Pfeffer
frisch geriebene Muskatnuss

🕐 45 Minuten
25 Minuten Backzeit

1 Quark mit Joghurt, Öl, Milch, Ei, Salz und Zucker beziehungsweise Honig glatt rühren. Mehl und Back-pulver dazusieben. Alles zu einem glatten Teig verkneten. Zugedeckt 15 Minuten kühl ruhen lassen.

2 Muffinform einfetten, kühl stellen. Backofen auf 200 °C (Umluft 180 °C, Gas Stufe 3–4) vorheizen.

3 Porree waschen, putzen und in dünne Ringe schneiden. Die Butter erhitzen und den Porree darin kurz anschwitzen. Käse und Speck klein

Tipp der Bäckerin

Sie können für die Porree-Speck-Muffins als Süßungsmittel statt Honig auch Agaven-dicksaft verwenden. Denn im Gegensatz zu Honig ist er neutral im Geschmack.

würfeln. Saure Sahne und Ei verquirlen, Porree, Schinken und Käse
unterheben. Pikant würzen.

4 Aus dem Teig 12 Kugeln formen
und in die Vertiefungen der Muffinform setzen. Jeweils in die Mitte
eine Mulde drücken und dabei einen
2 Zentimeter hohen Rand formen.
Je 1 Esslöffel Füllung hineingeben.

5 Die Form in den Backofen stellen
und die Muffins 20 bis 25 Minuten
backen. 5 Minuten in der Form abkühlen lassen. Je nach Bedarf warm
oder kalt servieren.

Hefeteig

Vollkorn-Quark-Körner-Muffins

1/2 Würfel frische Hefe (21 g)
250 g Weizen-oder Dinkelvollkornmehl
200 g Magerquark
1 TL Salz
50 g Sonnenblumenkerne
50 g Kürbiskerne
1/2 TL getrockneter Thymian
1/2 TL getrockneter Rosmarin
etwas frisch gehacktes Basilikum
1 TL Currypulver, schwarzer Pfeffer
Außerdem:
1 Eigelb
2 EL Naturjoghurt
2 EL Sonnenblumenkerne

🕐 **55 Minuten**
30 Minuten Backzeit

1 Die Hefe in 3 Esslöffeln lauwarmem Wasser auflösen und 10 Minuten gehen lassen. Die Muffinform
einfetten und kühl stellen.

2 Mehl, Quark, Salz, 100 Milliliter
lauwarmes Wasser, Sonnenblumen-
und Kürbiskerne sowie die Kräuter
und Gewürze zur Hefe geben. Alles
zu einem glatten Teig verarbeiten.
Zugedeckt 20 Minuten an einem
warmen Ort gehen lassen.

3 Den Teig durchkneten. 12 Kugeln
formen und in die Muffinform setzen. Eigelb mit Joghurt verquirlen
und die Muffins damit bestreichen.
Mit den Sonnenblumenkernen bestreuen.

4 Die Form in den kalten Backofen
stellen und diesen auf 200 °C (Umluft 180 °C, Gas Stufe 3–4) aufheizen. Die Muffins 25 bis 30 Minuten
backen. 5 Minuten in der Form abkühlen lassen. Warm servieren.

Körner – daran spaltet
sich die Meinung der
Feinschmecker. Was für
die einen hochwertigen
Genuss verspricht, ist
für die anderen nur
»Hühnerfutter«. Körner
sind jedoch eine kulina-
rische Bereicherung für
viele Vollwertgebäcke.

*Quark schmeckt ganz
frisch am besten. Ein
paar Raspeln von unbe-
handelter Zitronenschale
unterstreichen seine
leichte Säure.*

Tofu dient – dank seines Gehalts an Eiweiß – in der vegetarischen Küche als Fleischersatz.

Knetteig

Vollkorn-Bambussprossen-Tofu-Muffins

100 g Dinkelvollkornmehl
100 g Roggenvollkornmehl
1 TL Weinstein-Backpulver
1 TL Salz
2 Eier
50 g Butter in Flöckchen
Für die Füllung:
100 g Tofu
1 Frühlingszwiebel
100 g Bambussprossen aus der Dose
1 Knoblauchzehe
6 EL dunkle Sojasauce
1 EL Öl
5 EL Tomatenketchup
1/2 TL Zucker
Salz, schwarzer Pfeffer
Außerdem:
1 Eigelb
2 EL Milch

🕐 **40 Minuten**
25 Minuten Backzeit

1 Beide Mehlsorten und Backpulver in eine Schüssel sieben und mit Salz vermischen. In die Mitte eine Mulde drücken und Eier und Butter hineingeben. Alles zu einem glatten Teig verkneten. In Folie wickeln und 20 Minuten im Kühlschrank ruhen lassen.

Bambussprossen bekommt man bei uns nur als Dosenware, vor allem in Lebensmittelgeschäften mit asiatischem Sortiment.

2 Muffinform einfetten, kühl stellen. Backofen auf 200 °C (Umluft 180 °C, Gas Stufe 3–4) vorheizen.

3 Für die Füllung den Tofu klein würfeln. Die Frühlingszwiebel waschen, putzen und in Ringe schneiden. Die Bambussprossen abtropfen lassen und klein schneiden.

4 Den Knoblauch abziehen und zerdrücken. Knoblauch, die Hälfte der Sojasauce, Öl, Ketchup und Zucker verrühren. Tofu, Zwiebel und Bambussprossen untermischen. Salzen und pfeffern.

5 Aus dem Teig 12 Kugeln formen und in die Muffinform setzen. Jeweils in die Mitte eine Mulde drücken und dabei einen 1 Zentimeter hohen Rand formen. Die Füllung in die Vertiefungen geben.

6 Das Eigelb mit Milch verquirlen und die Muffins damit bestreichen.

7 Die Muffins 20 bis 25 Minuten backen. 5 Minuten in der Form abkühlen lassen. Warm servieren.

Tipp der Bäckerin

Tofu ist ein aus Sojabohnenmilch hergestelltes, quarkähnliches Produkt. Man kann Tofu frisch oder vakuumverpackt kaufen. Da Tofu von sich aus fast geschmacksneutral ist, nimmt er dankbar jede Art von Würzung an.

Vollkorn-Spinat-Käse-Muffins

100 g Blattspinat (tiefgekühlt)
50 ml lauwarme Milch
1/4 Würfel frische Hefe
150 g Dinkelvollkornmehl
1 TL Salz, 40 g Butter
2 Eier
100 g Gorgonzola
100 g Crème fraîche
1 EL Milch
Salz, schwarzer Pfeffer, Muskatnuss

🕐 40 Minuten
25 Minuten Backzeit

1 Den Spinat auftauen. In einer Schüssel die Milch mit 1 Esslöffel lauwarmem Wasser und der Hefe verrühren. Das Mehl dazusieben und mit Salz, Butter und 1 Ei zu Teig verkneten. 20 Minuten gehen lassen.

2 Den Backofen auf 200 °C (Umluft 180 °C, Gas Stufe 3–4) vorheizen. Spinat ausdrücken. Käse würfeln. Crème fraîche, restliches Ei und Milch verrühren. Würzen.

3 Aus dem Teig 12 Kugeln formen, in die Form setzen. Jeweils eine Mulde formen. Spinat und Käse einfüllen. Mit Crème fraîche bedecken. Muffins 20 bis 25 Minuten backen.

Blattspinat und Gorgonzola geben den Spinat-Käse-Muffins das gewisse Etwas.

Quark-Öl-Teig

Vollkorn-Tomaten-Garnelen-Muffins

Zur Gewinnung von Vollkornmehl wird das gesamte Getreidekorn vermahlen. Dadurch enthält das Mehl auch Vitamine und Mineralstoffe.

100 g Magerquark
2 EL kaltgepresstes Olivenöl
2 EL Milch, 1 Ei, 1 TL Salz
150 g Dinkelvollkornmehl
1 TL Weinstein-Backpulver

Für die Füllung:
1 Knoblauchzehe
1 Frühlingszwiebel
1 Kugel Mozzarella
50 g Garnelen
2 EL geriebener Gouda/Emmentaler
2 EL Crème fraîche
2 EL saure Sahne
Salz, schwarzer Pfeffer
6 Kirschtomaten
12 Basilikumblätter

🕐 **40 Minuten**
25 Minuten Backzeit

Tomaten aus eigenem Anbau können an der Pflanze ausreifen und überzeugen durch feines Aroma.

1 Quark mit Öl, Milch, Ei und Salz glatt rühren. Mehl und Backpulver dazusieben. Alles zu einem glatten Teig verkneten. Zugedeckt 15 Minuten kühl ruhen lassen.

2 Form einfetten, kühl stellen. Backofen auf 200 °C (Umluft 180 °C, Gas Stufe 3–4) vorheizen.

3 Knoblauch abziehen und zerdrücken. Frühlingszwiebel waschen, putzen und klein schneiden. Mozzarella klein würfeln. Garnelen je nach Größe halbieren. Alle vorbereiteten Zutaten mit Käse, Crème fraîche und saurer Sahne vermischen, salzen und pfeffern. Kirschtomaten waschen und halbieren. Basilikum in Streifen schneiden.

4 Aus dem Teig 12 Kugeln formen und in die Form setzen. Jeweils in die Mitte eine Mulde drücken und dabei einen 1 Zentimeter hohen Rand formen. Füllung zugeben, Tomatenhälften darauf verteilen und mit Basilikum bestreuen.

5 Die Muffins 20 bis 25 Minuten backen. 5 Minuten in der Form abkühlen lassen. Warm servieren.

Brotteig

Roggen-Schinken-Muffins

1/2 Würfel frische Hefe (21 g)
3 EL Mehl
1/2 TL Zucker
100 g Roggenvollkornmehl
100 g Weizen- oder Dinkelvollkornmehl
1 TL Salz
150 g Natur-Sauerteig

Für die Füllung:
2 kleine Zwiebeln, 1 EL Öl
100 g Schinken
200 g Crème fraîche, 1 Ei
Salz, schwarzer Pfeffer, Muskatnuss

🕐 **55 Minuten**
25 Minuten Backzeit

1 In einem kleinen Gefäß die Hefe in 100 Milliliter lauwarmen Wasser auflösen. Mit 3 Esslöffel Mehl und dem Zucker zu einem dicklichen Brei verrühren. Zugedeckt gehen lassen, bis der Vorteig Blasen wirft.

2 Roggenmehl, Weizen- beziehungsweise Dinkelmehl und Salz vermischen. Den Hefeansatz und den Sauerteig zugeben und alles zusammen zu einem geschmeidigen Teig kneten. Den Teig zugedeckt 20 Minuten gehen lassen.

3 Die Zwiebeln abziehen und in dünne Ringe schneiden. Das Öl erhitzen und die Zwiebelringe darin anbraten. Abkühlen lassen.

4 Den Schinken würfeln. Die Crème fraîche mit dem Ei verrühren. Mit Salz, Pfeffer und Muskatnuss pikant würzen.

5 Den Backofen auf 200 °C (Umluft 180 °C, Gas Stufe 3–4) vorheizen.

6 Den Teig durchkneten, 12 Kugeln formen und in die Vertiefungen der Muffinform setzen. Jeweils in die Mitte eine Mulde drücken und dabei einen 2 Zentimeter hohen Rand formen. Die Zwiebeln und den Schinken einfüllen. Die angerührte Crème fraîche darauf verteilen.

7 Die Form in den Backofen stellen und die Muffins 20 bis 25 Minuten backen. 5 Minuten in der Form abkühlen lassen. Nach Möglichkeit warm servieren.

Hefeteig

Dinkel-Porree-Buttermilch-Muffins

200 g Dinkelvollkornmehl
1/2 Würfel frische Hefe (21 g)
1 TL Salz
1/2 TL Zucker
100 ml Buttermilch
1 kleine Stange Porree
2 EL Sonnenblumenöl
schwarzer Pfeffer
Paprikapulver
Außerdem:
1 Eigelb, 2 EL Milch
2 EL Sesam oder Sonnenblumenkerne

🕐 **50 Minuten**
30 Minuten Backzeit

1 Das Mehl sieben und eine Mulde hineindrücken. Hefe hineinbröckeln. Mit Salz, Zucker und Buttermilch verkneten. Den Teig zugedeckt 30 Minuten gehen lassen.

2 Porree waschen, putzen und in Ringe schneiden. Öl erhitzen und den Porree darin anbraten. Würzen.

3 Den Teig durchkneten und dabei den Porree einarbeiten. 12 Kugeln formen und in die Form setzen. Ei und Milch verquirlen; die Muffins damit bestreichen. Mit Sesam oder Sonnenblumenkernen bestreuen.

4 Die Form in den kalten Backofen stellen. Auf 200 °C (Umluft 180 °C, Gas Stufe 3–4) aufheizen. Die Muffins 25 bis 30 Minuten backen.

Dinkel ist eng mit Weizen verwandt und enthält wie dieser bestes Klebereiweiß, um einem Teig die richtige Struktur zu verleihen.

Rührteig

Vollkorn-Paprika-Salami-Muffins

Diese Muffins werden feuriger, wenn Pfeffer-salami verwendet wird.

1/2 Paprikaschote
1 Frühlingszwiebel
1 Knoblauchzehe
100 g Salami
50 g Mehl
150 g Weizen- oder Dinkelvollkorn-mehl
1/2 Päckchen Weinstein-Backpulver
Salz
1 TL Pizzagewürz
40 g frisch geriebener Parmesan
1 Ei
6 EL Olivenöl kaltgepresst
250 ml Buttermilch
2 EL Tomatenketchup
schwarzer Pfeffer
1 Kugel Mozzarella (125 g)

Ob Sie grüne, rote oder gelbe Paprikaschoten verwenden hängt alleine von Ihrer Vorliebe ab.

🕐 **25 Minuten**
25 Minuten Backzeit

1 Paprikaschote waschen, entkernen und würfeln. Die Frühlingszwiebel waschen, putzen und in Ringe schneiden. Den Knoblauch abziehen und zerdrücken. Die Salami würfeln.

2 Den Backofen auf 200 °C (Umluft 180 °C, Gas Stufe 3–4) vorheizen.

3 Das Mehl mit dem Backpulver sieben und mit dem Vollkornmehl vermischen. 2 Teelöffel Salz, Pizzagewürz, Parmesan, Paprikastücke, Frühlingszwiebelringe, Knoblauch und Salami untermischen.

4 Das Ei in einer Schüssel schaumig schlagen. Öl, Buttermilch und Ketchup unterrühren. Salzen und pfeffern. Unter die Mehlmischung heben, sodass der Teig feucht ist und noch Klumpen aufweist. Mozzarella in 12 Scheiben schneiden.

5 Die Vertiefungen der Muffinform zu 2/3 ihrer Höhe mit Teig füllen. Je 1 Scheibe Mozzarella auflegen.

6 Die Muffins 20 bis 25 Minuten backen. 5 Minuten in der Form abkühlen lassen. Die Muffins noch warm servieren.

Tipp der Bäckerin

Am besten Sie benutzen zwei Esslöffel, um den Teig in die Vertiefungen der Muffinform zu bekommen, da er etwas klebt.

Quark-Öl-Teig

Vollkorn-Champignon-Knoblauch-Muffins

Liebhaber von Knoblauch können natürlich die Menge der geschmacksgebenden Knolle erhöhen. Je älter Knoblauch ist, desto schärfer schmeckt er.

100 g Magerquark
2 EL kaltgepresstes Olivenöl
2 EL Milch
1 Ei
1 TL Salz
150 g Dinkelvollkornmehl
1 TL Weinstein-Backpulver
Für die Füllung:
100 g frische braune Champignons
1 kleine Zwiebel
1 Knoblauchzehe
1 EL Öl
20 g frisch geriebener Parmesan
50 g geriebener Käse
(Gouda oder Emmentaler)
100 g saure Sahne
1 EL Mehl
2 Eier
frisch geriebene Muskatnuss
Salz, schwarzer Pfeffer

Knoblauch kommt meist erst in den Handel, wenn seine ihn umhüllenden Häutchen getrocknet sind. So ist er länger haltbar als ganz frische Knollen.

⏱ **35 Minuten**
25 Minuten Backzeit

1 Den Quark mit dem Öl, der Milch, dem Ei und dem Salz glatt rühren. Das Mehl und das Backpulver darüber sieben und alle Zutaten zu einem glatten Teig verkneten. In Folie wickeln und 15 Minuten im Kühlschrank ruhen lassen.

2 Für die Füllung die Champignons putzen und klein schneiden. Die Zwiebel und den Knoblauch abziehen und in kleine Würfel schneiden. Das Öl in einer Pfanne erhitzen und Pilze, Zwiebel und Knoblauch darin anschwitzen.

3 Den Backofen auf 200 °C (Umluft 180 °C, Gas Stufe 3–4) vorheizen.

4 In einer Schüssel Parmesan und Gouda beziehungsweise Emmentaler mit der Sahne, dem Mehl und den Eiern verrühren. Die Pilzemischung unterheben. Mit Muskatnuss, Salz und Pfeffer würzen.

5 Aus dem Teig 12 Kugeln formen und in die Vertiefungen der Muffinform setzen. Jeweils in die Mitte eine Mulde drücken und dabei einen 2 Zentimeter hohen Rand formen. Je 1 Esslöffel Füllung hineingeben.

6 Die Champignon-Knoblauch-Muffins 20 bis 25 Minuten backen. 5 Minuten in der Form abkühlen lassen. Die Muffins herausnehmen und noch warm servieren.

Tipp der Bäckerin

Braune Champignons sind auch unter ihrem deutschen Namen Egerlinge bekannt. Sie sind aromatischer als die weißen Champignons. Für dieses Rezept können Sie aber auch gerne Pfifferlinge oder andere Waldpilze verwenden.

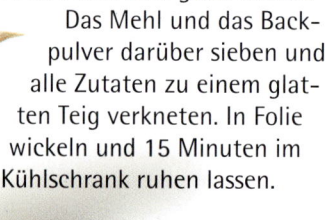

Knetteig

Vollkorn-Zucchini-Mais-Muffins

100 g Dinkelvollkornmehl

100 g Roggenvollkornmehl

1 TL Weinstein-Backpulver

1 TL Salz, 2 Eier, 50 g Butter

100 g Zucchini

150 g Crème fraîche, 1 Ei

1 EL Milch, 2 EL Parmesan

100 g Maiskörner (Dose)

1 TL gehackte Kräuter

Salz, Pfeffer, Muskatnuss

🕐 **40 Minuten**
25 Minuten Backzeit

1 Beide Mehlsorten, Backpulver und Salz vermischen. Mit Eiern und Butter verkneten. Teig in Folie wickeln und 20 Minuten kühl ruhen lassen. Den Backofen auf 200 °C (Umluft 180 °C, Gas Stufe 3–4) vorheizen. Die Muffinform einfetten.

2 Die Zucchini fein raspeln. Crème fraîche, Ei, Milch und Käse verrühren. Zucchini, Mais und Kräuter unterrühren. Pikant würzen.

3 Aus dem Teig 12 Kugeln formen und in die Form setzen. Je eine Mulde eindrücken, dabei den Teig als Rand hochziehen. Füllung zugeben. Muffins 20 bis 25 Minuten backen.

Mit Zucchini und Mais enthalten diese Muffins Zutaten, die einst nur in Amerika heimisch waren.

Die Zutaten für Rührteige vorab parat stellen, damit das Zusammenrühren schnell vor sich gehen kann. Die Teige sollen nur kurz gerührt werden, damit die Muffins schön locker werden.

Wie ihr Name schon sagt, wachsen Erdnüsse unter der Erde, da sich die Sproßachsen ihrer Pflanzen in die Erde bohren und die Früchte unter Tag ausbilden.

Rührteig

Vollwert-Erdnuss-Käse-Muffins

70 g geschälte Erdnüsse, ohne Salz
1 Ei
100 ml Öl
150 g Naturjoghurt
2 EL geriebener Parmesan
Salz, schwarzer Pfeffer
Currypulver
Oregano
125 g Vollkornmehl
150 g Mehl
2 TL Backpulver
1/2 TL Natron

🕐 15 Minuten
20 Minuten Backzeit

1 Den Backofen auf 200 °C (Umluft 180 °C, Gas Stufe 3–4) vorheizen.

2 Die Erdnüsse klein hacken und mit Ei, Öl, Joghurt und der Hälfte des Käses verrühren. Mit Salz, Pfeffer, Currypulver und Oregano würzen.

3 Beide Mehlsorten, Backpulver und Natron miteinander vermischen und über die Joghurtmasse sieben. So unterrühren, dass der Teig feucht ist und noch Klumpen aufweist.

4 Die Vertiefungen der Muffinform zu 2/3 ihrer Höhe mit Teig füllen. Den restlichen Käse darüber streuen. Die Muffins 15 bis 20 Minuten backen. Warm oder kalt servieren.

Rührteig

Vollwert-Walnuss-Möhren-Zucchini-Muffins

1/2 kleine Möhre
1/2 kleine Zucchini
50 g Walnüsse
1 Ei
80 ml Öl
200 g Buttermilch
Salz, schwarzer Pfeffer
Paprikapulver
125 g Vollkornmehl
125 g Mehl
2 TL Backpulver
1/2 TL Natron

🕐 20 Minuten
25 Minuten Backzeit

1 Den Backofen auf 200 °C (Umluft 180 °C, Gas Stufe 3–4) vorheizen.

2 Möhre und Zucchini waschen und klein raspeln. Walnüsse hacken.

3 Das Ei schaumig schlagen und mit dem Öl und der Buttermilch verrühren. Mit Salz, Pfeffer und Paprikapulver würzen.

4 Beide Mehlsorten, Backpulver und Natron vermischen und über die Eimasse sieben. Möhre, Zucchini und Nüsse zufügen. Alles schnell unterheben, damit der Teig feucht ist und noch Klumpen aufweist.

5 Die Vertiefungen der Muffinform zu 2/3 ihrer Höhe mit Teig füllen. Muffins 20 bis 25 Minuten backen.

Kartoffelteig

Kürbiskern-Muffins

400 g mehlig kochende Kartoffeln
1 kleine Zwiebel
2 Knoblauchzehen
150 g Kürbiskerne
4 EL frisch geriebener Parmesan
4 TL gehackte Kräuter
1 Ei
100 g Weizenvollkornmehl
Salz, Pfeffer, Currypulver
1 EL Joghurt

🕐 40 Minuten
30 Minuten Backzeit

1 Die Kartoffeln waschen. Mit der Schale in 20 Minuten gar kochen.

2 Die Zwiebel abziehen, würfeln und kurz andünsten. Den Knoblauch abziehen und klein hacken. 2/3 der Kürbiskerne klein hacken.

3 Muffinform einfetten, kühl stellen. Backofen auf 200 °C (Umluft 180 °C, Gas Stufe 3–4) vorheizen.

4 Die Kartoffeln pellen und durch eine Kartoffelpresse drücken. Zwiebel, Knoblauch, gehackte Kürbiskerne, Käse, Kräuter, Ei und Mehl zur Masse geben. Den Teig würzen und alles miteinander verkneten.

5 Aus dem Teig 12 Kugeln formen. Mit Joghurt bestreichen und in den restlichen Kürbiskernen wenden. Die Kugeln in die Form setzen. Die Muffins 25 bis 30 Minuten backen.

Rührteig

Möhren-Walnuss-Muffins

1/2 Möhre
1 kleines Stück Ingwer
100 g Walnusskerne
150 g Butter oder Margarine
1 Ei
80 ml Milch
4 EL Joghurt
100 g geriebener Käse
(Gouda oder Emmentaler)
Salz, schwarzer Pfeffer
200 g Mehl
50 g Vollkornmehl
1/2 Päckchen Backpulver

🕐 25 Minuten
25 Minuten Backzeit

1 Muffinform einfetten, kühl stellen. Backofen auf 200 °C (Umluft 180 °C, Gas Stufe 3–4) vorheizen.

2 Möhre schaben und klein raspeln. Ingwer schälen und fein würfeln. Walnusskerne klein hacken.

3 Fett zerlassen. Ei schaumig schlagen, Fett, Milch und Joghurt einrühren. 3/4 des Käses, Möhre, Ingwer und Nüsse unterheben und würzen. Mehle und Backpulver auf die Eimasse sieben und unterheben.

4 Vertiefungen der Muffinform zu 2/3 ihrer Höhe mit Teig füllen. Mit dem restlichen Käse bestreuen. Muffins 20 bis 25 Minuten backen.

Tipp der Bäckerin

Bei allen Muffins, in denen Nüsse verwendet werden, können Sie statt neutralem Öl auch ein entsprechendes Nussöl verwenden.

Walnüsse kommen getrocknet in den Handel. Unter ihrer harten Schale verbergen sie schmackhafte Kerne.

Minis

Mit zwei Happen sind sie weg. Mundgerechte Bissen, die mit nur einmal abbeißen schon Vergangenheit sind. Mini-Muffins sind klein aber keineswegs unauffällig. Im Gegenteil. Sie bieten die Möglichkeit, bei großem Angebot eine Vielzahl von Geschmacksrichtungen zu probieren. Zudem haben sie die perfekte Größe für ein Stehparty. Mit feinen Kräutern, saurer Sahne, Käse und vielen anderen Zutaten als Geschmacksgeber begeistern Mini-Muffins alle, die sie verzehren.

Knetteig

Mini-Cashew-Muffins

100 g gesalzene Cashewkerne
150 g Mehl
1/2 TL Currypulver
Salz, schwarzer Pfeffer
50 g kalte Butter oder Margarine
1 EL Crème fraîche
1 TL gehackte Kräuter
2 Eigelbe
2–3 EL frisch geriebener Parmesan

🕐 45 Minuten
20 Minuten Backzeit

1 Die Cashewkerne mahlen. Das Mehl sieben und mit den gemahlenen Kernen, Currypulver, Salz und Pfeffer mischen. Butter oder Margarine in Flöckchen, Crème fraîche, Kräuter und 1 Eigelb zufügen. Alles zu einem glatten Teig verkneten. Den Teig in Folie wickeln und 30 Minuten im Kühlschrank ruhen lassen.

2 Den Backofen auf 200 °C (Umluft 180 °C, Gas Stufe 3–4) vorheizen.

Cashewkerne zeichnen sich durch einen fein-nussigen Geschmack aus, der leicht ins Süßliche geht.

3 Aus dem Teig 12 Kugeln formen, in die Vertiefungen der Muffinform setzen. Das restliche Eigelb mit 2 Esslöffel Wasser verquirlen und die Muffins damit bestreichen. Mit Parmesan bestreuen.

4 Die Muffins 15 bis 20 Minuten backen. Warm oder kalt servieren.

Rührteig

Mini-Pilz-Muffins

60 g Butter oder Margarine
70 g Champignons
1 Ei
3 EL Milch
60 g geriebener Käse
(Gouda oder Emmentaler)
1 kleine Knoblauchzehe
frisch geriebene Muskatnuss
Salz, schwarzer Pfeffer
100 g Mehl
2 TL Backpulver

🕐 15 Minuten
15 Minuten Backzeit

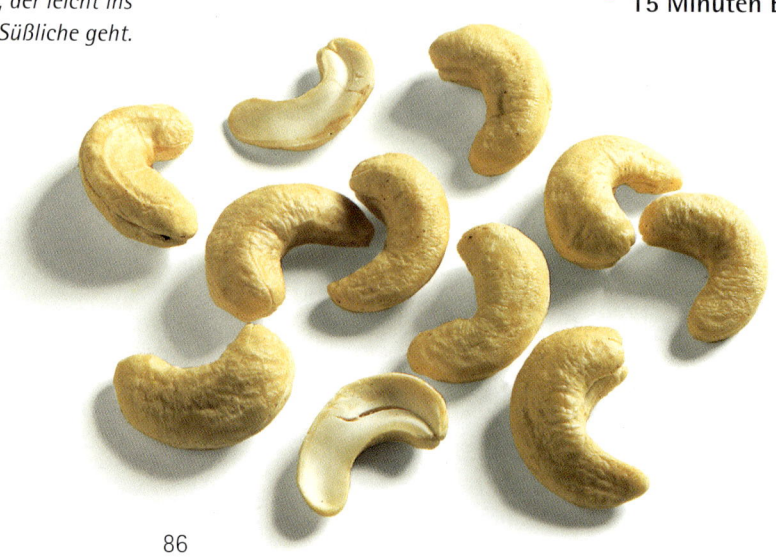

1 Den Backofen auf 200 °C (Umluft 180 °C, Gas Stufe 3–4) vorheizen.

2 Butter oder Margarine zerlassen. Champignons putzen und würfeln.

3 Das Ei schaumig schlagen. Butter und Milch einrühren. Den Käse unterheben. Knoblauch abziehen und durch eine Presse dazudrücken. Die Pilze untermischen und würzen.

4 Das Mehl mit dem Backpulver über die Mischung sieben und so einarbeiten, dass der Teig feucht ist und noch Klumpen aufweist.

5 Die Vertiefungen der Muffinform zu 2/3 ihrer Höhe mit Teig füllen. Muffins 10 bis 15 Minuten backen.

Kräuterbutter gibt es fertig zu kaufen. Sie vereint aromatische Kräuter mit normaler Butter.

1 Muffinform einfetten, kühl stellen. Backofen auf 200 °C (Umluft 180 °C, Gas Stufe 3–4) vorheizen.

2 Mehl und Backpulver sieben und mit den Weizenflocken vermischen. Salzen und pfeffern. Knoblauch abziehen und durch eine Presse dazudrücken. Kräuterbutter, Sahne und Kräuter zugeben. Einen Teig kneten.

3 Aus dem Teig 12 Kugeln formen und in die Vertiefungen der Muffinform setzen. Das Ei verquirlen und die Teigkugeln damit bestreichen.

4 Die Muffins 15 bis 20 Minuten backen. 3 bis 4 Minuten in der Form abkühlen lassen. Warm servieren.

Knetteig

Mini-Kräuterbutter-Muffins

100 g Mehl
1 TL Backpulver
30 g Weizenflocken
Salz, schwarzer Pfeffer
1 Knoblauchzehe
60 g Kräuterbutter
3 EL saure Sahne
2 EL gehackte Kräuter
(Kresse, Petersilie, Schnittlauch)
Außerdem:
1 Ei

🕐 15 Minuten
20 Minuten Backzeit

Tipp der Bäckerin

Geben Sie die Kräuterbutter in kleinen Flöckchen zum Mehl. So lässt sie sich besser in den Teig einarbeiten.

Knetteig

Mini-Frischkäse-Muffins

Muffins vertragen eine kräftige Würzung, denn das Mehl an sich ist fast geschmacklos.

150 g Mehl
1 TL Backpulver
30 g Weizenflocken
Salz, schwarzer Pfeffer
20 g Butter oder Margarine
70 g Kräuterfrischkäse
4 EL Crème fraîche mit Kräutern
Außerdem:
1 Ei
2 EL Sesam

🕐 **10 Minuten**
20 Minuten Backzeit

1 Muffinform einfetten, kühl stellen. Backofen auf 200 °C (Umluft 180 °C, Gas Stufe 3–4) vorheizen.

2 Mehl und Backpulver sieben und mit den Weizenflocken vermischen. Salzen und pfeffern. Butter oder Margarine, Frischkäse und Crème fraîche zur Mehlmischung geben. Zu einem glatten Teig verkneten.

3 Aus dem Teig 12 kleine Kugeln formen und in die Vertiefungen der Muffinform setzen. Ei verquirlen und die Muffins damit bestreichen. Den Sesam darüber streuen.

4 Die Muffins in 15 bis 20 Minuten goldgelb backen. 5 Minuten in der Form abkühlen lassen. Die Muffins noch warm servieren.

Rührteig

Scharfe Mini-Muffins

60 g Butter oder Margarine
1 Ei
3 EL Milch
60 g geriebener Gouda oder Emmentaler
1/2 getrocknete Chilischote
1/2 kleine Tomate
1/2 TL Tabasco
Salz, schwarzer Pfeffer
Paprikapulver
150 g Mehl
1 TL Backpulver

🕐 **10 Minuten**
15 Minuten Backzeit

1 Den Backofen auf 200 °C (Umluft 180 °C, Gas Stufe 3–4) vorheizen.

2 Das Fett bei kleiner Hitze zerlassen. Das Ei schaumig schlagen. Fett und Milch unterrühren. Den Käse unterheben.

3 Die Kerne der Tomate entfernen. Chilischote und Tomate klein hacken. Mit Tabasco, Salz, Pfeffer und Paprikapulver unter die Käsemasse rühren. Mehl und Backpulver darüber sieben, kurz unterheben.

4 Die Vertiefungen der Muffinform zu 2/3 ihrer Höhe mit Teig füllen. Die scharfen Muffins 10 bis 15 Minuten backen.

Kleine Chilischoten sind in der Regel höllisch scharf. Wer die scharfen Mini-Muffins etwas milder mag, sollte die Samen entfernen.

Quark-Butter-Teig

Mini-Garnelen-Muffins

Zwei Fliegen mit einer Klappe schlägt man bei der Verwendung von Kräuterbutter für den Teig. So sind Geschmack und Aroma gleich mit von der Partie.

80 g Magerquark
80 g Kräuterbutter
Salz, schwarzer Pfeffer
1 Prise gemahlener Safran
100 g Mehl
50 g Garnelen
50 g Gorgonzola

🕐 25 Minuten
20 Minuten Backzeit

1 Den Quark mit Butter, Salz, Pfeffer und Safran glatt rühren. Das Mehl darüber sieben. Die Garnelen fein hacken und zugeben. Alles zu einem glatten Teig verkneten. Den Teig in Folie wickeln und 10 Minuten im Kühlschrank ruhen lassen.

Intensiver wird der Geschmack von Sonnenblumenkernen, wenn sie kurz in einer beschichteten Pfanne ohne Fett geröstet werden.

2 Den Backofen auf 200 °C (Umluft 180 °C, Gas Stufe 3–4) vorheizen.

3 Aus dem Teig 12 Kugeln formen und in die Muffinform setzen. Den Käse in 12 dünne Scheiben schneiden und auf die Muffins legen.

4 Die Muffins 15 bis 20 Minuten backen. 5 Minuten in der Form abkühlen lassen und dann warm servieren.

Kartoffelteig

Mini-Knusper-Muffins

100 g mehlig kochende Kartoffeln
1 TL gehackte Kräuter (Schnittlauch, Kerbel, Kresse oder Petersilie)
1 Ei
40 g geriebener Gouda/Emmentaler
40 g Mehl
40 g geschälte, gesalzene Erdnüsse
60 g Sonnenblumenkerne
1 EL Kürbiskerne
Muskatnuss, schwarzer Pfeffer
Außerdem:
1 EL Naturjoghurt
1 EL Sonnenblumenkerne

🕐 40 Minuten
15 Minuten Backzeit

1 Kartoffeln in etwa 20 Minuten gar kochen, pellen und noch heiß durch eine Kartoffelpresse drücken.

2 Den Backofen auf 200 °C (Umluft 180 °C, Gas Stufe 3–4) vorheizen.

3 Kräuter, Ei und Käse zur Kartoffelmasse geben. Das Mehl darüber sieben. Erdnüsse, Sonnenblumen-und Kürbiskerne klein hacken und zufügen. Mit Muskatnuss und Pfeffer würzen. Einen glatten Teig kneten.

4 12 Teigkugeln formen, in die Form setzen. Mit Joghurt bestreichen und mit Sonnenblumenkernen bestreuen.

5 Die Muffins 10 bis 15 Minuten backen. 5 Minuten in der Form abkühlen lassen.

Knetteig

Mini-Silvester-Kracher

1 mittelgroße Zwiebel
1 EL Öl
100 g Salzkekse
70 g Kräuterfrischkäse
70 g geriebener Käse
(Gouda oder Emmentaler)
1 Ei
2 EL saure Sahne
Salz, schwarzer Pfeffer
Paprikapulver
150 g Mehl
1 TL Backpulver
1 TL gehackte Kräuter
(Kerbel, Petersilie oder Schnittlauch)
1 EL Joghurt

**20 Minuten
15 Minuten Backzeit**

1 Zwiebel abziehen und klein würfeln. Öl erhitzen und die Zwiebelwürfel darin kurz andünsten.

2 Mini-Muffinform einfetten und kühl stellen. Den Backofen auf 200 °C (Umluft 180 °C, Gas Stufe 3–4) vorheizen.

3 Die Salzkekse in einen Gefrierbeutel geben und mit einem Nudelholz völlig zerbröseln.

4 Die zerbröselten Salzkekse mit dem Frischkäse und 50 Gramm des geriebenen Käses verkneten.

5 Ei und saure Sahne verquirlen. Mit Salz, Pfeffer und Paprikapulver würzen. Zur Frischkäsemasse geben. Mehl und Backpulver mischen, darüber sieben und alles zu einem glatten Teig verkneten.

6 Aus dem Teig 12 Kugeln formen und in die Muffinform setzen. Mit Joghurt bestreichen und mit dem restlichen Käse bestreuen.

7 Die Muffins 10 bis 15 Minuten backen. 5 Minuten in der Form abkühlen lassen. Warm oder kalt servieren.

Tipp der Bäckerin

Salzkekse werden auch als Kräcker bezeichnet. Im Handel können Sie davon auch fettarme Varianten erwerben.

Mit der Wahl des Käses wird der Geschmack der Muffins beeinflusst. Durchgereifter alter Gouda ist zum Beispiel wesentlich herzhafter als junger Mai-Gouda.

Edle Muffins verlangen nach einem edlen Tropfen. Selbstverständlich auch zu Silvester.

Tipp der Bäckerin

Ersetzen Sie bei der Zubereitung einen Teil des Öls durch Buttermilch. Dadurch können Sie ein paar Kalorien einsparen.

Mit Hilfe so genannter Teigspatel lässt sich der feuchte Rührteig problemlos aus der Schüssel nehmen und in die Muffinform füllen.

Rührteig

Mini-Fitness-Muffins

30 g grüne Paprikaschote
1/2 kleine Tomate
30 g Möhre
50 g Mehl
50 g Vollkornmehl
1 TL Backpulver
40 ml kaltgepresstes Olivenöl
50 g Buttermilch
1 kleines Ei
3 EL frisch geriebener Parmesan
Salz, schwarzer Pfeffer
Paprikapulver

🕐 **15 Minuten**
15 Minuten Backzeit

1 Den Backofen auf 200 °C (Umluft 180 °C, Gas Stufe 3–4) vorheizen.

2 Gemüse waschen und putzen. Paprikaschote und Tomate fein würfeln. Möhre klein raspeln. Beide Mehlsorten mit dem Backpulver sieben. Das Gemüse untermischen.

3 Öl, Buttermilch, Ei und 1 Esslöffel Käse verrühren. Pikant würzen. Die Mehlmischung so unter die Buttermilchmasse rühren, dass der Teig noch Klumpen aufweist.

4 Die Vertiefungen der Muffinform zu 2/3 ihrer Höhe mit Teig füllen. Restlichen Käse darüber streuen. Die Muffins 10 bis 15 Minuten backen.

Quark-Öl-Teig

Mini-Käse-Muffins

40 g Magerquark
2 EL Sonnenblumenöl
1 EL Milch
1 Ei
1/2 TL Salz
1 Prise Zucker
80 g Mehl
1/2 TL Backpulver
Für die Füllung:
20 g Briekäse
20 g Schafskäse
20 g Kräuterquark (Magerstufe)
1 Ei
1 TL gehackte Petersilie

🕐 **25 Minuten**
15 Minuten Backzeit

1 Den Quark mit Öl, Milch, Ei, Salz und Zucker glatt rühren. Mehl und Backpulver dazusieben. Alles zu einem glatten Teig verkneten. 10 Minuten im Kühlschrank ruhen lassen.

2 Den Backofen auf 200 °C (Umluft 180 °C, Gas Stufe 3–4) vorheizen.

3 Für die Füllung beide Käsesorten miteinander pürieren. Mit Kräuterquark, Ei und Petersilie glatt rühren.

4 Aus dem Teig 12 Kugeln formen und in die Vertiefungen der Mini-Muffinform setzen. Je eine Mulde hineindrücken und mit etwas Füllung besetzen. Die Muffins 10 bis 15 Minuten backen. 5 Minuten in der Form auskühlen lassen.

Knetteig

Mini-Kümmel-Muffins

150 g Mehl
50 g kalte Butter oder Margarine
1 Ei, 1 Prise Salz
1 TL gemahlener Kümmel
50 g durchwachsener Speck
1 kleine Zwiebel
1 EL Öl
frisch geriebene Muskatnuss
schwarzer Pfeffer
Außerdem:
1 verquirltes Eigelb, 1 EL Kümmel

🕐 20 Minuten
20 Minuten Backzeit

1 Mehl sieben. Mit Butter, Ei, Salz und Kümmel zu einem Teig verkneten. In den Kühlschrank stellen.

2 Muffinform einfetten, kühlen. Den Backofen auf 200 °C (Umluft 180 °C, Gas Stufe 3–4) vorheizen.

3 Speck würfeln. Zwiebel abziehen und fein würfeln. Öl erhitzen und Speck darin ausbraten. Die Zwiebel kurz mitschwitzen und zum Teig geben. Würzen und alles verkneten.

4 12 Teigkugeln formen, in die Form geben. Die Kugeln mit verquirltem Ei bestreichen, mit Kümmel bestreuen. Muffins 20 Minuten backen.

Die Mini-Kümmel-Muffins sind für Liebhaber des Gewürzes ideal.

Rührteig

Mini-Salsa-Muffins

»Salsa« ist das spanische Wort für »Sauce«. Bei diesem Rezept für die Mini-Salsa-Muffins ist eine feurige Tomatensauce gemeint.

60 g Butter oder Margarine
1 kleine Zwiebel
1 EL Öl
1 Ei
3 EL Milch
60 g geriebener Käse
(Gouda oder Emmentaler)
1 Knoblauchzehe
2 EL Salsa
Salz, schwarzer Pfeffer
Paprikapulver
80 g Mehl
2 TL Backpulver

🕐 15 Minuten
15 Minuten Backzeit

1 Den Backofen auf 200 °C (Umluft 180 °C, Gas Stufe 3–4) vorheizen.

2 Die Butter beziehungsweise die Margarine in einer kleinen Pfanne bei schwacher Hitze zerlassen und wieder etwas abkühlen lassen.

Paprikapulver gibt es in verschiedenen Schärfegraden, vom milden Delikatesspaprika bis hin zum scharfen Rosenpaprika.

3 Die Zwiebel abziehen und in kleine Würfel schneiden. Das Öl erhitzen und die Zwiebelwürfel darin unter gelegentlichem Rühren kurz anschwitzen. Etwas abkühlen lassen.

4 Das Ei in einer Schüssel schaumig schlagen. Geschmolzene Butter oder Margarine und die Milch einrühren. Den Käse unterheben. Die Knoblauchzehe abziehen und durch eine Knoblauchpresse in die Eimasse drücken. Die Salsa einrühren. Die Zwiebel einarbeiten. Mit Salz, Pfeffer und Paprikapulver würzen.

5 Das Mehl mit dem Backpulver vermischen und über die Masse in der Schüssel sieben. So unterheben, dass der Teig feucht ist und noch Klumpen aufweist.

6 Die Vertiefungen der Muffinform zu 2/3 ihrer Höhe mit Teig füllen. Die Muffins 10 bis 15 Minuten backen. 5 Minuten in der Form abkühlen lassen. Die Mini-Salsa-Muffins warm oder kalt servieren.

Tipp der Bäckerin

Arrangieren Sie diese Mini-Muffins auf einer Platte, die mit einer bunten Papierserviette ausgelegt ist. In Geschäften mit Haushaltswaren gibt es eine große Auswahl an Papierservietten, auf denen häufig verwendete Zutaten abgebildet sind. Zu diesen feurigen Muffins würden solche mit Chili- oder Paprikaschoten passen.

Sachregister

Rezeptregister

Bereits erschienen:

ISBN 3-517-07856-5

Die Autorin:
Gabriele Wahl-Merle ist selbstständige Werbekauffrau und hauptsächlich für die Firma Kaiser Backformen tätig. Dabei hat sie im Lauf der Jahre einen großen Fundus an Rezepten selbst entwickelt. Die große Nachfrage ihrer Kunden und die Prämierungen aus dem Haus Kaiser motivierten sie, ein weiteres Backbuch speziell zum Thema »Herzhafte Muffins« zu schreiben.

Die Fotografin:
Barbara Bonisolli gehört zur jungen Generation der Foodfotografen. Sie liebt gutes Essen und das passende Ambiente, das sie für ihre Fotos auch selbst gestaltet. Barbara Bonisolli arbeitet für Kochbuchverlage, Zeitschriften, Werbe- und Industriekunden. Zusammen mit ihrem Foodstylisten Hans Gerlach, gelernter Koch und Architekt sowie Mitinhaber der Agentur »food & text«, machte sie für dieses Buch die ansprechenden Foodfotos.

Dank:
Wir bedanken uns bei der Firma Kaiser Backformen für die freundliche Unterstützung.

Bildnachweis
Alle Bilder stammen von Barbara Bonisolli, München, außer: Südwest-Archiv: Freisteller

Impressum
Der Südwest Verlag ist ein Unternehmen der Econ Ullstein List Verlag GmbH & Co. KG., München.
© 2002 Econ Ullstein List Verlag GmbH & Co. KG, München

Lektorat: Dr. Ute Paul-Prössler
Redaktionsleitung: Susanne Kirstein
Bildredaktion: Gabriele Feld
Foodfotografie: Barbara Bonisolli
Umschlag: Jan-Dirk Hansen
Layout: Manuela Hutschenreiter
DTP/Satz: Maren Scherer
Produktion: Manfred Metzger (Leitung), Annette Aatz

Printed in Italy

Gedruckt auf chlor- und säurearmem Papier.

ISBN 3-517-06648-6